　　本书系上海市哲学社会科学规划"学习贯彻习近平总书记'人民城市人民建　人民城市为人民'重要理念"专项课题成果

"人民城市"重要理念研究丛书

上海市习近平新时代中国特色社会主义思想研究中心 编

人民城市理论渊源与上海实践研究

RENMIN CHENGSHI LILUN YUANYUAN
YU SHANGHAI SHIJIAN YANJIU

吴海江 等◎著

人民出版社

总　序

2019 年 11 月，习近平总书记考察上海期间在杨浦滨江首次提出"人民城市人民建，人民城市为人民"的重要理念，深刻揭示城市属于人民、城市发展为了人民、城市建设和治理依靠人民的人民性，深刻阐明中国特色社会主义城市工作的价值取向、治理主体、目标导向、战略格局和方法路径，为推动新时代中国城市的建设发展治理、提高社会主义现代化国际大都市的治理能力指明方向。2020 年 11 月，习近平总书记在浦东开发开放 30 周年庆祝大会上的重要讲话中，从中华民族伟大复兴战略全局、世界百年未有之大变局的战略高度思考和谋划新征程上浦东新的历史方位和使命，进一步明确提出，要"提高城市治理现代化水平，开创人民城市建设新局面"，为探索新时代中国特色社会主义现代化超大规模人民城市建设发展之路提供了科学指引。

首先，人民城市属于人民。这是人民城市的政治属性。我国是社会主义国家，我国的城市归根结底是人民的城市。社会主义现代化国际大都市的建设和发展必须始终坚持以人民为中心的发展思想，把人民对美好生活的向往确立为城市建设与治理的方向和做好城市工作的出发点、落脚点和根本立场。

其次，城市发展为了人民。这是人民城市发展的根本宗旨。根据人民城市重要理念，无论是城市规划还是城市建设，无论是新城区建设还是老城区改造，都要坚持以人民为中心，聚焦人民群众的需求，合理安排生产、生活、生态空间，走内涵式、集约型、绿色化的高质量发展路子，努力创造宜业、宜居、宜乐、宜游的良好环境，让人民有更多获得感，为人民创造更加幸福的美好生活。城市治理是国家治理体系和治理能力现代化的重要内容。一流城市要有一流治理，要注重在科学化、精细化、智能化上下功夫。上海要继续探索，走出一条中国特色超大城市管理新路子，不断提高城市管理水平。

再次，城市建设和治理依靠人民。人民是城市的主人，也是城市建设和治理的主体。人民是城市的享有者、受益者，理应是城市建设者、治理参与者。上海作为我国人口规模最大的城市之一，其治理的复杂程度远超一般性城市和地区。只有坚持人民的主体地位，进一步发挥群众的首创精神，紧紧依靠和组织广大人民群众，才能协力创建新时代中国特色社会主义现代化超大规模人民城市的历史伟业，彰显我国社会主义制度的强大优势。

近年来，上海在深入贯彻人民城市重要理念过程中，聚焦探索超大城市治理的规律，把全生命周期管理理念贯穿城市治理全过程，着力在科学化、精细化、智能化上下功夫，努力走出超大城市治理现代化的新路。对人民城市重要理念及其上海实践开展深入研究，是推进习近平新时代中国特色社会主义思想上海实践研究的一项重要任务。2021 年 8 月，上海市社科规划办专门列出系列课题，上海市习近平新时代中国特色社会主义思想研究中心从完成结项的课题中精选优秀成果，内容涉及新时代人民城市重要理念、人民城市理论渊源与上海实践、党领导人民城市建设的实践历程与基本经验、新发展理念引领人民城市建设、人民城市理念与新时代生态文明建设、人民城市理念与城市环境治理、人民城市理念与数字化公共服务共享研究等。这些书稿聚焦不同主题，从不同维度深刻阐述了人民城市重要理念的思想内涵和实践要求，是当前上海学术界研究阐释人民城市重要理念的代表性成果。我们希望这套丛书的出版有助于广大读者更为全面、深入地理解和把握人民城市重要理念，更加自觉地用人民城市重要理念指导工作，为把上海建设成具有世界影响力的社会主义现代化国际大都市作出新的贡献。

上海市习近平新时代

中国特色社会主义思想研究中心

2022 年 9 月

目　　录

前　言

砥砺践行人民城市理念

人民城市理念是新时代中国特色社会主义关于城市如何葆有现代化成色和社会主义本色的重大理论创新。自 2019 年 11 月习近平总书记在上海首次提出人民城市重要理念以来，上海牢记嘱托，始终展现出排头兵的姿态和先行者的担当，探索构建了践行人民城市理念的"上海样本"，开创了上海各项事业蓬勃发展的新局面。习近平总书记在党的二十大报告中强调，要"坚持人民城市人民建、人民城市为人民，提高城市规划、建设、治理水平，加快转变超大特大城市发展方式，实施城市更新行动，加强城市基础设施建设，打造宜居、韧性、智慧城市"①。立足新起点，展望新未来，高质量建设具有世界影响力的社会主义现代化国际大都市，就要以党的二十大精神为指导，砥砺践行人民城市理念，在"以人民为中心"发展思想的指引下不断彰显上海的时代风采和价值追求。

---

① 习近平：《高举中国特色社会主义伟大旗帜　为全面建设社会主义现代化国家而团结奋斗——在中国共产党第二十次全国代表大会上的报告》，人民出版社 2022 年版，第 32 页。

凝聚城市建设力量，
构建人民当家作主的归属之城

人民群众是历史的创造者，也是城市发展的推动者。城市是人类生活栖居和产业活动的聚落，离开了人的因素，城市的兴起和扩张就无从谈起。党的二十大报告指出："一切脱离人民的理论都是苍白无力的，一切不为人民造福的理论都是没有生命力的。"[①]"人民城市人民建、人民城市为人民。"从根本上说，人民城市理念就是在对一切城市成长与衰亡史经验总结的基础上，将人民作为城市的主人，指明了城市发展要为了人民，城市治理要依靠人民，城市成果要造福人民。

建设人民当家作主的现代城市，就要坚守和力行人民至上的宗旨，尤其使人民群众的归属感在城市的民主法治建设中得到充分体现。近年来，上海不断畅通民意表达渠道，完善民主协商机制，坚持问计于民、问需于民、问效于民，尊重和关注具体的人的需要，积极回应不同群体的期待和需求，切实保障人民群众作为城市建设的最大受益者和最终评判者。今天的上海正探索将全过程人民民主贯彻在城市建设各领域，积极调动人民群众参与社会治理的积极性、主动性、创造性，把政治智慧的增长、执政本领的增强深深扎根于人民的创造

---

① 习近平：《高举中国特色社会主义伟大旗帜　为全面建设社会主义现代化国家而团结奋斗——在中国共产党第二十次全国代表大会上的报告》，人民出版社 2022 年版，第19 页。

性实践之中，汇聚共商共建共治的磅礴力量。

建设人民当家作主的现代城市，就要使城市建设同人民群众的发展同频共振，让城市发展的成就有机融汇为人民群众的荣誉感。人民城市不仅是人民群众安居乐业的生活场所，更为每个市民提供成就理想、追梦圆梦的大舞台，为所有市民提供施展才华、展现个性的广阔天地。打造人民城市，上海就要持续将开放、包容精神注入到城市建设的各项工作中，紧紧依靠人民，牢牢植根人民，努力打造"人人都有人生出彩机会、人人都能有序参与治理、人人都能享有品质生活、人人都能切实感受温度、人人都能得到认同"的归属之城。

锚定城市发展目标，
擘画百姓其乐融融的幸福之城

民生是城市发展的头等大事。上海在自觉落实人民城市根本属性的过程中始终强调，只有矢志不渝地将每一位城市居民对美好生活的追求放在第一位，用绣花工笔绘制好人民安居乐业的生活画，生态和谐发展的风景画，面向不同人群的愿景画，才能够擘画好城市发展的崭新蓝图，彰显人民城市的宜居魅力。

擘画百姓其乐融融的现代城市，就要画好人民安居乐业的生活画，围绕人民群众的衣食住行、生老病死牢固民生保障网，聚焦就业、医疗、住房等突出的民生难点、痛点，兜住底线、压茬推进，尽最大努力解决群众的急难愁盼，把最好的资源留给人民，以更优质的公共供给、更健全的管理制度服务人民。

擘画百姓其乐融融的现代城市，就要画好生态和谐发展的风景画，坚持绿色低碳发展，加快建设人与自然和谐共生的美丽家园，让绿色成为城市最动人的底色，最温暖的亮色。一是要大力推进经济社会发展方式和人民群众生活方式全面绿色转型，建设简约适度、绿色低碳的节约型社会，让人民生活更环保；二是要守好生态环境底线，加强大气、水、土壤和垃圾等综合治理力度，持续巩固和提升生态环境质量，让人民生活更安心；三是要坚持增量和提质并重，推进生态惠民工程，优化生态空间布局，筑牢城市生态屏障，让人民生活得更舒心。

擘画百姓其乐融融的现代城市，就要画好面向不同人群的愿景画，敬畏和善待城市生活中的每一个生命群体。今天的上海针对不同群体勾勒了创造高品质生活的美好愿景，提出让孩子们茁壮成长，让年轻人成就梦想，让老年人乐享生命，让人们畅享健康生活，推动全社会迈向共同富裕。创造这一面向全人群、全年龄段的品质生活，考验着一座城市的综合发展实力和统筹兼顾能力，需要切中不同人群的诉求，尊重不同人群的个性，针对性地回应关切、创造条件、搭建平台，从而实现"各美其美""美美与共"。

遵循城市治理规律，
建设安全高效便捷的现代之城

人民城市绝不仅仅是一个价值问题，更是一个涉及生产要素、空间结构、产业活动等内容的科学问题。倘若城市的用地布局、周转运行违背了常识，那么其结果不仅是城市的发展将遭受挫折，人民的权益也必然受到损失。上海践行人民城市理念，一个前提条件就是在中国式现代化本质要求的指导下，结合社会主义现代化的中国特色，在城市治理现代化的道路上，以科学性、系统性、专业性的标准和尺度，将全生命周期管理理念贯穿城市治理全过程，全面提升规范化、精细化、智能化水平，实现安全、高效、便捷治理。

建设安全高效便捷的现代城市，就要将城市本身视为复杂而巨大的生命系统，牢牢把握超大城市的特点和规律，以系统思维强化整体协同，把全生命周期管理理念贯穿城市治理全过程，整体施治、系统治理，推动城市治理各方面环环相扣、紧密协同、高效运转，保障城市生命体运行得更安全、更高效、更便捷。

建设安全高效便捷的现代城市，就要持续深化数字化探索，不断构建更加完善的城市运行数字体征体系，以治理数字化牵引治理现代化，赋予城市更多的智慧和温度。通过推进城市数字化转型赋能推动生活方式、工作方式和社会组织方式转型升级，全面提升上海的城市韧性，让数字技术发展满足人民对美好生活的向往。

建设安全高效便捷的现代城市，就要坚持高标准引领，持续提升城市管理精细化水平，分级分类、精准施策，以绣花般的细心、耐心和卓越心提高城市生活品质、空间品质、生产能力，绣出城市的品质品牌，特别是将宏观层面的顶层设计与微观层面的精雕细琢相结合，深入社会生产生活的细微之处，让人民群众生活得更方便、更舒心、更美好。

弘扬城市精神品格，
营造独具魅力的文明之城

硬实力与软实力是城市发展的两个基本维度，其中，以城市精神为核心的软实力直接关系到城市的人文环境和文化底蕴，潜移默化塑造着城市的发展底色。上海是党的诞生地和初心始发地，"为人民谋幸福"的初心与使命深刻塑造了这座城市的精神气质，构成了上海这座城市的内在质地，是上海贯彻人民城市理念、不断发展进步的精神养分和独特优势。

践行人民城市理念，一个不容忽视的环节就是传承和弘扬城市自身的精神品质。城市精神是一座城市的血脉灵魂，是一座城市生生不息的力量源泉。一方面，城市精神渗透进城市的每寸肌理，化为文化基因和无形力量滋润着每个人的精神家园，涵养着每一处的独特气质；另一方面，人民自己创造的城市精神要在"人人起而行之"的氛围下真正内化于心、外化于行，通过人民自己的行动使城市内在的价值取向和价值追求得以外化，展现城市的独特魅力。

习近平总书记曾亲自提炼和概括了"海纳百川，追求卓越，开明睿智，大气谦和"的上海城市精神和"开放、创新、包容"的上海城市品格。这一精神品格作为上海这座城市成长基因和血脉灵魂的"名片"，早已深深镌刻到城市砥砺奋进的发展史和奋斗史中。对于新时代的上海和上海人而言，打造人民城市的典范，就要让初心薪火相传，把使命永担在肩，矢志不渝践行伟大建党精神，赓续红色血脉、传承精神谱系，全面提升城市软实力，努力打造既讲规则秩序，又显蓬勃活力；既有国际风范，又有东方神韵；既能各美其美，又能美美与共；既可触摸历史，又能拥抱未来；既崇尚人人奋斗出彩，又体现处处守望相助的生动城市画卷，让在者舒心、来者倾心、未来者动心。

第一章

马克思主义现代城市观的产生与理论特质

　　18 世纪的工业革命开启了城市化进程，也开启了马克思恩格斯以城市为出发点的理论研究。作为现实批判和唯物史观建构的重要出发点，城市是马克思恩格斯观察资本主义生产方式何以得到确立和扩大的最初场所和现实环境，其主要在资本积累、产业革命、政治变革及日常生活四个维度上展开。在马克思主义现代城市观的理论体系中，马克思恩格斯对于资本主义现代工业城市的现实批判不仅仅在揭示城市作为资本积累及阶级对抗空间载体的意义上成为后世开展城市相关理论研究的起点，更由此生发出对未来城市社会的美好展望，城市的发展应属于人民，为了人民，依靠人民，这是以马克思主义现代城市观纵观城市发展史后对资本逻辑的根本扬弃，对人作为价值轴心的根本复归。

一、马克思主义现代城市观的形成理路

　　始于 18 世纪中叶的工业革命开启了人类城市快速发展的进程，工业革命、机器大生产与当时资本主义国家的城市化进程具有紧密联

系，以纺织业作为开端，机器大工业逐渐替换了工厂手工业，使用机械手段带来的收益引起了所有工业部门的效仿，于是又产生了新的生产需要，进一步推进了工业革命的发生和发展。正是在这样的社会历史条件下，马克思恩格斯始终保持对社会问题的关注，在多处城市旅居的生活经历中开启了对现代城市的理论批判，马克思主义现代城市观的形成与发展始终同资本主义生产生活紧密地结合在一起。

（一）马克思主义现代城市观形成的社会历史背景

工业革命与资本主义国家的城市化进程是马克思主义现代城市观形成的社会历史条件。18 世纪 60 年代起，西方资本主义国家迎来了工业化和城市化的浪潮，其中具有代表性的城市是伦敦、巴黎和柏林。诞生之初，城市以缓慢的自然速度发展，1800 年时，伦敦、巴黎和柏林只有大约 90 万、60 万和 17 万居民，至 1900 年，已经达到了 470 万、360 万和 270 万。[①] 恩格斯指出，城市人口急涨的原因在于："工业的迅速发展产生了对人手的需要；工资提高了，因此，工人成群结队地从农业地区涌入城市。人口急剧增长，而且增加的几乎全是无产者阶级。"[②] 工业革命、机器大生产与当时资本主义国家的城市化进程具有紧密联系，以纺织业作为开端，机器大工业逐渐替换了工厂手工业，使用机械手段带来的收益引起了所有工业部门的效仿，于是又产生了新的生产需要，进一步推进了工业革命的发生和发

---

① ［英］J. M. 罗伯茨：《全球史》（下卷），陈恒、黄公夏、黎海波译，东方出版中心 2013 年版，第 781 页。

② 《马克思恩格斯文集》第 1 卷，人民出版社 2009 年版，第 402 页。

展。由此引发的直接后果是：

一方面，资本主义国家的城市化带来了日新月异的积极改变。工业革命浪潮导致的城市化进程乃至人口的集聚最终导向了城市生活水平的明显提高及其文明的建立。城市生活水平的明显提高首先得益于交通。恩格斯在《英国工人阶级状况》中指出：1818—1829 年，英格兰和威尔士修筑了 1000 英里法定宽度为 60 英尺的公路，而且几乎所有的旧公路都按照麦克亚当的原则加以改造；1803—1844 年，苏格兰铁路总里程达到 900 英里，并架起了 1000 多座桥梁，到 1844 年，英格兰可通航的运河及河流达到了 4000 英里……这些水陆交通设施的修建及交通工具的发展，使整个英国都变得畅通起来。① 城市作为交通枢纽的作用由工业化的进程催生，又加速了工业化的进程，发达的交通运输降低着运营成本，也使越来越多的熟练工人能够集聚在城市。同时，"大工业企业要求许多工人在一个建筑物里共同劳动；他们必须住得集中……为了满足这些需求，还需要其他人，于是手工业者、裁缝、鞋匠、面包师、泥瓦匠、木匠都搬到这里来了"②。尽管当时并没有成熟的城市规划理论，但在生产资料集中导致的工人聚集催化的城市嬗变下，城市在自我规划中形成了如工业园、零售店、住宅楼等功能分区，各社会阶层各司其职，在实践中逐渐积累了城市发展的宝贵经验。在城市文明方面，借助于工业资本在城市的流动，城市逐渐成为政治、经济、文化等的中心所在，而"国内那些从前一直和整个世界隔绝的偏僻地区，现在全都有路可通了……不得

---

① 参见《马克思恩格斯文集》第 1 卷，人民出版社 2009 年版，第 400 页。
② 《马克思恩格斯文集》第 1 卷，人民出版社 2009 年版，第 406 页。

不因此而去了解外部世界，并接受强加于它们的文明"①，由此生发了城乡二元结构的新概念。

另一方面，城市的迅猛发展相应也导致了严重的社会问题，人口的指数级增加加速了环境的恶化，城市的基础设施建设跟不上工人向城市的聚集速度，又随着如纺织业、重工业等排出生产的废气进入空气中、水中，造成严重的污染，城市工人居住区环境及卫生条件恶劣，传染病如工业革命时期著名的霍乱也由于人口的大量集聚开始蔓延，时常发生，死亡率极高。同时，城市化的不断发展使资本主义生产方式逐渐确立，资本主义的生产资料主要依靠剥削农村利益发展起来，使得城乡矛盾逐渐突出。马克思恩格斯生活于一个社会正在发生大变革的时代，在工业革命的推动下，生产力得到解放，生产关系得到确立，工业革命催化的资本主义国家的城市化进程是历史的进步，在大量社会现象生发的社会历史背景下，马克思恩格斯试图从城市起源、城市发展趋势、城市功能等方面挖掘其背后的深层原因，为解决现实问题提供理论指导。

马克思恩格斯旅居多处城市的生活背景也为马克思主义城市思想的形成提供了切近的现实基础。马克思于 1818 年出生于德国莱茵省特里尔城，由于创办的《莱茵日报》被当局查封的原因辗转至巴黎，1847 年《哲学的贫困》的发表导致普鲁士政府的驱逐，又来到了普鲁塞尔。在马克思的一生中，马克思由于种种思想无法与当局契合的原因流转于波恩、科伦、巴黎、布鲁塞尔、纽约、伦敦等地，最终在伦敦去世，期间常常到工厂和工人家庭中了解当时工人的生产和生活

---

① 《马克思恩格斯文集》第 1 卷，人民出版社 2009 年版，第 104 页。

环境，也积极展开各方面的政治实践，加强同各国工人之间的联系，从而更加了解工人的生活状态，了解城市面貌。马克思一生辗转于各大城市，其生活经历为他观察、感受并总结城市发展提供了坚实的实践和经验基础。恩格斯于 1842 年到英国曼彻斯特生活，随后到达伦敦生活，在城市的流转生活过程中目睹了英国宪章运动、法国革命、巴黎公社等工人运动，目睹了英国等地工人阶级现实的生活环境，最终在体验城市生活和指导工人运动的过程中写出了《英国工人阶级状况》一文。同时，马克思恩格斯在成长和生活过程中始终十分关注社会问题，如《莱茵报》时期马克思对农民处境发表的贫困状况的调查，恩格斯在《乌培河谷来信》中对封建专制制度的揭露等，马克思恩格斯对社会问题始终的关注意识也是其能够在城市经历中进行深刻总结与提炼的根本原因。总之，中心城市是马克思和恩格斯一生中主要的居住地。作为城市生活的经历者，马克思曾经指出："伦敦对于考察资产阶级社会是一个方便的地点。"① 当时，伦敦作为世界上最大的城市，在其地域范围迅速扩展的同时，也使得环境污染，住房紧缺，公共卫生问题日益凸显。城市作为马克思、恩格斯研究对象的出场并非空穴来风，其不仅是二人生活的场所，也是开启其研究的出发点。正是诸多纷繁复杂的城市生活，铸就了马克思恩格斯开启理论研究的经验积淀。

（二）马克思主义现代城市观的批判对象

不同于 18 世纪末 19 世纪初空想社会主义者对城市内问题的单纯

---

① 《马克思恩格斯文集》第 2 卷，人民出版社 2009 年版，第 593 页。

批判，马克思恩格斯在追溯城市起源和城市内产生问题的内在逻辑的同时将目光投向了资本主义生产方式和资本主义社会制度，相对于批判城市问题本身，马克思与恩格斯旨在深入挖掘和批判城市发展与人的发展及资本之间的关联互动，并试图完成对现代资本主义社会深层逻辑的批判，探求可供发起变革的理论起点。在马克思主义现代城市观由萌芽到发展成熟的过程中，其批判对象完成了从城市中的问题到问题中的城市的深刻转变，并作为有机整体深刻影响了后世城市规划的具体实践。

对城市中出现问题的分析是马克思主义现代城市观对资本主义社会状况进行分析的切入点，在马克思主义现代城市观视域下，其关注点主要在以下几个方面。

其一，对早期工业化城市环境问题的批判，其批判主要体现在恩格斯的《英国工人阶级状况》中，借由对环境的批判，马克思主义现代城市观对工人阶级生活状况的观照也得以展开。

其二，对城市空间布局问题的批判。当时的工业化城市发展迅猛，已经开始产生阶级间巨大的各方面生活条件的差距及工厂主与资本家为了逃避矛盾所做的补救措施。马克思主义现代城市观的视角便体现在工业城市的空间布局中。曼彻斯特"伪善的建筑体系""有系统地把工人阶级排斥在大街以外，这样费尽心机把一切可能刺激资产阶级的眼睛和神经的东西掩盖起来"①，试图掩耳盗铃地解决城市中的社会问题，借由对工业化城市空间布局的批判，马克思主义现代城市观对阶级斗争分析的萌芽也已产生。

---

① 《马克思恩格斯全集》第 2 卷，人民出版社 1957 年版，第 328 页。

其三，对城市具体建筑形式的批判。即早期工业化城市中，如被称为"大杂院"的建筑结构形成的根本目的只是节省地面来住下更多的工人，同时通过结构来收取更多的租金，工人阶级的住房条件迟迟得不到改善，以此为出发点，比起对城市问题进行分类，马克思主义现代城市观开始将分析的重心转向了问题的规律性认识上。通过对早期工业化城市及其中产生社会问题的批判，马克思主义现代城市观完成了对工业资本主义时期早期城市物质空间形态的初步分析，主要可概括为有关城市形成与城市内部竞争，城市空间布局与发生在其中的阶级分化，城市秩序的维护与工人运动之间的关系等方面。最初，马克思主义现代城市观"虽然已经从城市诸问题中发现了私有制所带来的'资本与劳动力分裂'的问题（集中体现为工厂制批判），却没有从社会历史的角度剖析产生这种分裂的原因，而是从劳资关系的欺诈性角度来分析和解决无产阶级与资产阶级的根本对立，并把这种对立关系的动力归因为商业竞争的恶本质，即欲望和压制的结果"[①]。其批判对象随着对城市的深入考察，最终进入了在社会历史视域下对现代资本主义生产方式的批判。

马克思主义现代城市观伴随着时代问题而产生，但除了单纯对资本主义社会状况形成一份考察报告之外，从将目光转向"物质生产实践"的《德意志意识形态》开始，马克思与恩格斯逐渐意识到了工业运动与城市化的关联，将现代城市的起源与资本主义生产方式的生发过程联系起来，将城市中产生的问题视作资本主义自身发展的结果，因而转向了解决资本主义生产方式问题的批判重心。一方面，现

---

① 张一方、刘怀玉：《从城市中的问题到问题中的城市——恩格斯城市批判思想及其当代意义》，《哲学研究》2020 年第 12 期。

代"市民社会"是马克思主义现代城市观的重要批判对象。"市民社会"是现代资本主义社会物质生产中所形成的社会组织，构成了国家和其他观念上层建筑的根基。"现代物质生产方式构成了现代人认识和理解历史的逻辑前提，对'市民社会'的分析批判应当看作现代人认识城市历史发展的'中介'，城市成为了市民社会中潜伏的'在场'者……这就是说，市民社会的全部奥妙都在资本主义工业化城市这个大舞台上得以呈现，而现代资产阶级社会是市民社会发展最诚实、最健全、最完善的地方。"① 现代工业城市及其上的社会结构是马克思与恩格斯笔下"市民社会"的外在表现形式，将"市民社会"作为批判对象是在对早期工业化城市起源及其中产生社会问题批判基础上的根源性反思，只有对现代城市物质生产的社会结构进行深入分析，才能够对现代城市问题所产生的源头，对生产力与生产关系的矛盾运动进行揭示。另一方面，以现代城市为载体认识并批判埋藏其中的资本主义生产方式。资本是主宰整个现代资本主义社会最根本的力量，现代资本主义工业城市中，其生产与再生产"也不只是特殊的生产，而始终是一定的社会体即社会的主体在或广或窄的由各生产部门组成的总体中活动着"② 。这种活动的价值轴心始终是以扩大自身为目的的资本，也正是资本的力量，使得现代资本主义城市问题的讨论基点从工业化与城市化的关系深入至资本积累与城市化的关系。由于现代城市包括工业化大城市所有具体问题产生的根源都在于资本主义生产方式的内在矛盾，因此，借由对城市住宅问题的讨论，

---

① 刘晓薇、胡刘：《论马克思城市批判思想研究理路　回到马克思"资本批判"的原初语境》，《云南社会科学》2019 年第 3 期。

② 《马克思恩格斯文集》第 8 卷，人民出版社 2009 年版，第 10 页。

马克思主义现代城市观指出，只有通过无产阶级大量集中于城市并处于一无所有的境地，才能够真正消灭资本主义的生产方式，使城市和乡村融为一体，迈向生产力高度发展与人的自由而全面发展相统一的社会前景。

（三）现代城市发展与资本主义生产生活

资本主义的发展过程中，城市的现代化就是其逐渐工业化的过程。在《德意志意识形态》中，马克思指出：机器大工业"建立了现代的大工业城市——它们的出现如雨后春笋——来代替自然形成的城市。凡是它渗入的地方，它就破坏手工业和工业的一切旧阶段。它使城市最终战胜了乡村"[1]。现代城市与生俱来地与资本主义生产生活相生相依，资本主义生产生活生产出了现代城市，现代城市于是成为了产生社会冲突问题的透视窗口，成为特定历史阶段的消费形态。

1. 城市：资本主义生产生活的空间载体

资本主义生产生活是城市化的主宰，城市既是资本主义生产生活的空间形式，又是推动生产力极大发展的社会交往形式。以最先开始工业革命的英国为例，英国工业领域生产的集中创造了工业中心，"把它从一个偏僻的很少开垦的沼泽地变成了充满生机和活力的地方；这种工业在80年内使兰开夏郡的人口增加了9倍。居民共达70万的利物浦和曼彻斯特这样的大城市及其附近的城市……以及其他许多工厂城市，就像是用了法术一样，一下子就从地下变出来了。"[2]

---

① 《马克思恩格斯文集》第 1 卷，人民出版社 2009 年版，第 566 页。
② 《马克思恩格斯文集》第 1 卷，人民出版社 2009 年版，第 394—395 页。

城市化开始后，城市作为空间载体于本质上成为了为资本主义生产生活提供便利条件的不变资本，成为巨大先进生产力的聚集地，工业生产和商品贸易在城市产生经济效益，创造社会财富。

在工业化的过程中，工人被视作资本被工厂主与资本家所使用，工人需要住在工厂选址地的附近，即使在不大的工厂旁边，工人们也会由于资本主义生产的需要形成完整的村镇，为了满足生活在这个村镇内的人口的需要，具有不同生活技能的人也随之聚集起来，"当第一个工厂很自然地已经不能保证所有的人就业时，工资就下降，结果就是新的厂主搬到这里来。于是村镇变成小城市，小城市变成大城市"①。城市逐渐生产出铁路、运河、公路，生产出可供挑选的熟练工人，生产要素空间集聚的最终落脚点、交通运输的枢纽都落在了城市，使得生产和交换的成本大幅度降低，也为生产要素的进一步生产性组合提供了决定性的便利条件。

作为资本主义生产生活的空间载体，除了物质财富的生产，城市第一次出现了全面、丰富的劳动体系，"人的'类本质'在价值交换打破地域局限的普遍性中，才出现真正的全面性。但是，这种人类主体的本质关系并不以自身的形式直接出现，而以物化的形式表现出来"②，城市是"颠倒的历史"产生的催化剂，生产出奴役、对抗的历史形式，其作为根源而产生的资本主义社会冲突成为马克思恩格斯现代城市观的重要考察对象。

2. 城市：资本主义生产生活冲突的透视窗口

按照资本逻辑来运作的城市日益生产着两大对立阶级及其冲突，

---

① 《马克思恩格斯文集》第 1 卷，人民出版社 2009 年版，第 406 页。
② 孙江：《"空间生产"——从马克思到当代》，人民出版社 2008 年版，第 53 页。

在城市中，如就业问题、住宅问题等成为马克思恩格斯揭示资本主义社会虚伪面纱的透视窗口。一方面，资本主义生产生活创造了巨大的社会物质财富，在历史上起到了非常革命的作用，另一方面，"资产阶级的关系已经太狭窄了，再容纳不了它本身所造成的财富了"[①]。在城市中，马克思从无产阶级的立场看到了劳动对象化现实中所出现的异化的现实图景。工人阶级创造的财富越多，他们就越贫穷，在城市的物的世界中，把自己零星出卖的工人同其他任何货物一样成为了一种可供购买的商品，而工资的存在掩盖了这种关系，现代的工人阶级只有在找到工人的时候才能生存，但只有在其劳动增值资本的时候才能找到工作，而资本的存在掩盖着这种关系。总结而言，城市中物的生产及运动的过程反过来完成了对人的占有与支配，成为了"铁的牢笼"，而马克思认为，与之相反，经济与社会发展的最终目的应是恢复人的主体性，实现人的自由发展。

正是通过对城市中社会冲突问题的考察，马克思恩格斯指出，"大工业及其所引起的生产无限扩大的可能性，使人们能够建立这样一种社会制度，在这种社会制度下，一切生活必需品都将生产得很多，使每一个社会成员都能够完全自由地发展和发挥他的全部力量和才能。由此可见，在现今社会中造成一切贫困和商业危机的大工业的那种特性，在另一种社会组织中正是消灭这种贫困和这些灾难性的波动的因素"[②]，并指向了以阶级斗争创造新社会制度的现实途径。

综观马克思主义的现代城市观，我们可以发现，一方面从唯物史观的视角出发，其对城市存在所带来的历史性进步与发展给予了充分

---

① 《马克思恩格斯文集》第 2 卷，人民出版社 2009 年版，第 37 页。
② 《马克思恩格斯文集》第 1 卷，人民出版社 2009 年版，第 683 页。

的肯定，在对城市本质、特点、内在矛盾和规律性趋势的考察和分析中，马克思与恩格斯逐渐形成了观照特定历史时期的城市观，批判了工业文明平台上的城市问题。另一方面，其也从超越特定历史时期的视角指出，资本化的、以工业化发展为基础的城市终将被历史否定，现代工业城市将伴随着市民社会的颠覆在新的社会制度带领下迎来新的前景。马克思主义现代城市观是马克思恩格斯构建自己理论体系的重要出场路径，在与资本主义社会生活的联系中脱离了单纯作为道德化批判的存在，而真正进入了基于经济、历史的实证区域。

二、马克思主义现代城市观的多重面向

（一）城市与资本积累

城市是马克思进行政治经济学批判的重要出发点，在觉察到"资本是资产阶级社会的支配一切的经济权力"[①] 的基础上，城市成为马克思观察资本主义生产方式何以得到确立和扩大的最初场所和理想环境。现代性的基本逻辑在马克思主义的视域下主要由资本勾勒，在逻辑进展的过程中生发出城市，城市观视域下所呈现的诸多现象则反过来成为开启资本主义现代化进程研究的出发点。

在马克思恩格斯的现代性批判视角中，资本主义生产方式的发展是资本主义工业城市产生的充分条件。"物质劳动和精神劳动的最大

---

① 《马克思恩格斯文集》第 8 卷，人民出版社 2009 年版，第 31—32 页。

一次分工，就是城市和乡村的分离……城市已经表明了人口、生产工具、资本、享受和需求的集中这个事实；而在乡村则是完全相反的情况：隔绝和分散。"① 根据马克思的分析，资本积累正是在城市中利用其物质形态来完成其过程的，由于资本积累本身集中、扩张的性质，为了最大限度地在短时间内获取最多的利润而导致了生产管理以及劳动力的空间集中，从而最终导向了城乡的分离、资本主义社会空间的断裂乃至城市的形成。反之，城市的发展也对资本积累起到了反推动的作用。城市的内部发展和对外扩张均带动了生产力和生产资料的集中，城市的吸附效应更加明显，促进了资本的进一步积累。

同时，作为资本积累的重要形式，城市化构成了资本主义再生产的基本条件。根据马克思的观点，资本积累是资本利润的形成过程，这种利润意味着用于积累更大的资本，再赚取更大的利润，其扩张过程伴随着社会从财富规模、经济阶级的关系到城市及周边地区特点的变化。资本主义工业城市的迅猛发展是资本进一步积累的载体，在聚集工业生产的必需品，使生产和交换的成本极大降低的基础上，城市吸引了大量从农村转移的剩余人口，创造了大量的剩余价值，成为资本积累的巨大推动力。"资产阶级使农村屈服于城市的统治。它创立了巨大的城市，使城市人口比农村人口大大增加起来，因而使很大一部分居民脱离了农村生活的愚昧状态。正像它使农村从属于城市一样，它使未开化和半开化的国家从属于文明的国家，使农民的民族从属于资产阶级的民族，使东方从属于西方。"② 农村人口作为"资本积累的杠杆"，进一步成为资本积累和扩张的前提条件。资本主义现

---

① 《马克思恩格斯文集》第 1 卷，人民出版社 2009 年版，第 556 页。
② 《马克思恩格斯文集》第 2 卷，人民出版社 2009 年版，第 36 页。

代工业城市也是萌生新科技的重要场所，大工业最初的科学要素和技术要素都是在城市中发展起来的，大机器的应用推动了资本主义工业的迅猛发展，并进一步稳固了城市的空间优势。城市和资本积累之间最终形成"资本不断向空间扩张，空间被资本化，空间转化为商品。城市空间被资本逻辑所支配和控制"① 的关系与局面。

　　资本向现代城市的流动既是解决危机的一种手段，但反过来又会引起进一步的危机。在《资本论》中，马克思已经详尽分析了固定资本在积累过程中所包含的矛盾。一方面，固定资本能够提高劳动力的生产，促成资本积累；另一方面，固定资本职能在相当时间内将自己的价值和使用价值逐渐转移到新产品中，一旦在旧的固定资本消耗殆尽以前出现新的生产效率更高的固定资本形态，旧的资本形态中所包含的交换价值就会贬值，阻碍这种贬值便会阻碍生产的提高，从而阻碍积累。② 固定资本的矛盾运动分析可以对应城市中建筑投资环境的状况，资本积累在城市环境中的运转逐渐"不得不在这两者之间进行协商：保存人造环境中旧资本投资的交换价值与破坏这些投资来为积累开辟崭新的空间"③。

　　资本积累加速城市的生成，城市的发展反过来助力资本的进一步积累，在此过程中，城市由资本逻辑决定着资本主义现代工业城市的性质、功能与面貌。"空间资本化实际上是在资产阶级的意识形态——个人主义——支配下按照资源增殖的要求对空间进行原子化的

---

　　① 任政：《正义范式的转换：从社会正义到城市正义》，《东岳论丛》2013 年第 5 期。

　　② 参见高鉴国：《新马克思主义城市理论》，商务印书馆 2007 年版，第 132 页。

　　③ ［英］大卫·哈维：《资本的城市化：资本主义城市化的历史和理论研究》，董慧译，苏州大学出版社 2017 年版，第 23 页。

分割，以实现空间资源在市场基础上最大化的增值。"① 以资本逻辑为起点，马克思恩格斯以城市为研究入口，从城市与资本的关联性互动出发，开展了对于资本主义城市问题的深刻哲学批判。

（二）城市与产业革命

在马克思主义现代城市视阈下，生产力的发展是城市发展的根本动力。城市的发展归根结底是生产力发展的结果，在现代城市产生之前，"各个小民族，为了占有最好的土地，也为了掠夺战利品，进行着不断的战争；以俘虏充作奴隶，已成为公认的制度"②。即各个民族占领优质土地的需要催生了最初的城市。随着生产力的进一步发展，出现了定期商业活动的需要，于是城市在防御和军事功能的基础上又增加了经济的功能。产业革命是城市发展变化的分水岭，产业革命后，人类在真正意义上建立起了现代城市，随着生产方式的不断进步，城市逐步冲破城围的限制，伴随着大工业的发展重组成为一个综合的有机体，并在其中逐步孕育了资本主义的萌芽。对此，马克思指出，是大工业"建立了现代的大工业城市——它们的出现如雨后春笋——来代替自然形成的城市"③。

在恩格斯的考察中，机器的发明和使用推动了产业革命及生产模式的改变："在采用机器以前，纺纱和织布都是在工人家里进行

---

① 孙江：《"空间生产"——从马克思到当代》，人民出版社 2008 年版，第 140 页。
② 《马克思恩格斯文集》第 4 卷，人民出版社 2009 年版，第 120 页。
③ 《马克思恩格斯文集》第 1 卷，人民出版社 2009 年版，第 566 页。

的。"① "使英国工人以前的这种状况发生根本变化的第一个发明，是北兰开夏郡布莱克本附近斯坦德希尔的织工詹姆斯·哈格里沃斯制造的珍妮纺纱机（1764 年）。"② 资本家与工厂主采用机器以缩减成本、增加产量，逐步形成了由机器生产占据统治地位的工厂生产模式。自英国发轫的产业革命带来了持续的技术进步，并极大地提高了劳动生产率，推动了产业经济的发展壮大；改变了工作本身的性质，生产出现代的只靠工资来生活的产业工人以及与之相对的现代资本家与工厂主；带动了交通运输行业的全面改进，进而加速了世界市场的产生与拓展；资本主义借由产业革命渗透到经济发展所涉及的几乎所有领域，成为普遍的并且占据主导地位的经济形态。总而言之，产业革命从生产力及生产关系等各个方面的改变使人类社会自此"从起飞进入自我成长"③ 的阶段，现代工业城市是马克思恩格斯观察产业革命的主要窗口。

产业革命为城市的发展创造了客观条件。马克思恩格斯论述了产业革命之于城市高速发展的影响。其一，产业革命的进程逐渐消灭了古老的民族工业，使乡村变为城市，也生产出城市发展所进一步需要的工人阶级人口。凡是大工业"所渗入的地方，它就破坏手工业和工业的一切旧阶段"。④ 它将农业和工厂手工业在家庭中的原始连接和统一彻底切断，使越来越多的乡村变为城市、农民变为工人，城市人口也越来越占优势。"在农业领域内，就消灭旧社会的堡垒——

---

① 《马克思恩格斯文集》第 1 卷，人民出版社 2009 年版，第 388 页。
② 《马克思恩格斯文集》第 1 卷，人民出版社 2009 年版，第 391 页。
③ ［英］J. P. T. 伯里：《新编剑桥世界近代史》，中信出版社 2017 年版，第 34 页。
④ 《马克思恩格斯文集》第 1 卷，人民出版社 2009 年版，第 566 页。

'农民',并代之以雇佣工人来说,大工业起了最革命的作用。这样,农村中社会变革的需要和社会对立,就和城市相同了。"① 其二,随着产业革命的进展,城市生产出的工业产品不再局限于满足城市内部的发展和市民的生活需要,还出现了将这些产品运往其他地区以实现经济利益的现象及需求,产业革命的发展也带动了交通运输业的发展,一方面,为人口和生产要素向现代城市的集聚提供了便利条件;另一方面,地理大发现和世界市场的形成使资本主义空间内急剧膨胀的生产力有了新的倾销场所,为了获取更大的利益,城市生产出的产品在销往世界各地的过程中也在打破原本许多欠发达地区农村原始的状态和田园式封闭的生活方式,促使这些地区实现经济的开放:"在农村建立的每一个新工厂都包含工厂城市的萌芽。如果工业的这种疯狂的活动还能这样持续100年,那么英国的每一个工业区都会变成一个巨大的工厂城市"②,催化了资本主义城市化进程,这些地区在生产方式变革的过程中,其城市空间样态和内部结构也接受了重塑,由于变化在资本主义生产方式下进行,其变化本质也彰显着资本主义的特性。

(三)城市与政治变革

马克思恩格斯认为,近代以来工业城市的兴起同样为西方无产阶级的形成及革命斗争创造了客观条件。城市作为基本的空间载体于其中生产出了西方无产阶级,而无产阶级的产生则是城市发生政治变革

---

① 《马克思恩格斯文集》第5卷,人民出版社2009年版,第578页。
② 《马克思恩格斯文集》第1卷,人民出版社2009年版,第407页。

的前奏。事实上，无产阶级并非一直存在，而是西方工业革命以及随之而来的机器大工业生产确立所生产出的。随着资本主义工业的迅猛发展与生产资料的大量集中，工人越是聚集在相同的空间中，他们的生存状况就越是凄凉。"随着财富的增长而实行的城市'改良'是通过下列方法进行的：拆除建筑低劣地区的房屋，建造供银行和百货商店等等用的高楼大厦，为交易往来和豪华马车而加宽街道，修筑铁轨马车路等等；这种改良明目张胆地把贫民赶到越来越坏、越来越挤的角落里去。"①

　　工人阶级所面临的窘境主要包括住房和生活环境两个方面，"住宅缺乏"是城市迅猛发展的结果，"工人恶劣的住房条件因为人口突然涌进大城市而特别恶化；房租大幅度提高，每所住房更加拥挤，有些人根本找不到栖身之处"②。同时，城市的高速发展从某种程度上来说就是对自然环境的破坏，"伦敦的空气永远不会像乡村地区那样清新，那样富含氧气"③。在《英国工人阶级状况》中，恩格斯从空气污染、河流污染、住宅规划等多方面城市视角阐释了工人与资本家居住环境的差异，由于城市环境的破坏，市中心的资本家一部分迁移至郊区生活，另一部分住进了与工人住宅区方向相反的绿树成荫的街道，而工人聚居的工业区均分布在河流下游，在没有铺砌过的、肮脏的街道上是随处可见的垃圾和臭气熏天的死水洼。事实上，资本家不是没有意识到工人阶级最初的不满，采取了如为工人修建背对背式住宅和将闲置住房切割成工人可以负担的小隔间出租，但这些做法并不

---

① 《马克思恩格斯文集》第 5 卷，人民出版社 2009 年版，第 757—758 页。
② 《马克思恩格斯文集》第 3 卷，人民出版社 2009 年版，第 250 页。
③ 《马克思恩格斯文集》第 1 卷，人民出版社 2009 年版，第 409 页。

是真正地在为工人阶级考虑，资本家只是想要从工人身上榨取更多的剩余价值，"分散的替代性选择就是我们现在所说的'镀金贫民窟'，在城市区域控制内乱的斗争中它同样是一个行之有效的策略"①。工人阶级与资本家、工厂主之间在城市中展现出的云泥之间的贫富差距最终将加深并引发阶级矛盾。

一方面，城市中的工业生产功能和商品交换功能迅速改变了传统行会中工人与雇主的宗法关系及人身依附关系，在异化过程中使工人与资本家之间的关系只剩下了金钱的连接，更加导致了阶级矛盾的恶化；另一方面，工人阶级不仅受到资本家与工厂主对其剩余价值的压榨，由于工作性质必须在城市生活的前提还使他们生活在如房东和小资产阶级的剥削下。现代工业城市生产出了无产阶级，又使得无产阶级始终生活在现代工业城市的最底层，最终使他们沦落到除了锁链什么都没有的地步。随着资本的进一步积累，城市内部的进一步发展及对外扩张，除了农民外，城市内的人口也越来越多地进入无产阶级的队伍："工业的进步把统治阶级的整批成员抛到无产阶级队伍里去，或者至少也使他们的生活条件受到威胁"②，阶级矛盾的不断激化使反抗压迫、寻求变革的阶级意识在工人阶级中埋下了种子。在以上现实条件的综合下，马克思和恩格斯最终在现代工业城市中看到了无产阶级政治变革可能性的萌芽："大城市是工人运动的发源地，在这里，工人首先开始考虑自己的状况并为改变这种状况而斗争；在这里，首先出现了无产阶级和资产阶级的对立……如果没有大城市，没

---

① ［英］大卫·哈维：《资本的城市化：资本主义城市化的历史和理论研究》，董慧译，苏州大学出版社2017年版，第177页。
② 《马克思恩格斯文集》第2卷，人民出版社2009年版，第41页。

有大城市推动社会智慧的发展，工人决不会进步到现在的水平。"①
作为研究对象，城市不过是为早已经处于萌芽状态的罪恶创造了发展
条件，作为罪恶的载体将其更快地揭露了出来。

（四）城市与日常生活

正如马克思所指出的："人们用以生产自己的生活资料的方
式……更确切地说，它是这些个人的一定的活动方式，是他们表现自
己生命的一定方式、他们的一定的生活方式。个人怎样表现自己的生
命，他们自己就是怎样。"② 总结说来，即个人进行生产的物质条件
决定着他的日常生活。在批判了将城市问题归罪于城市本身的资产阶
级论调后，马克思恩格斯借助文献研究和观察调研，剖析了资本主义
条件下现代工业城市中人的生存状况，并指出，只有改变城市问题的
根源——资本主义生产方式及资本主义社会制度，才能够从根本上改
变人们的日常生活。

作为城市中占绝大部分的人口，工人阶级几乎没有自己的自由时
间，他们的日常生活被工作填满："大资本家现在上升到发号施令的
主宰者的地位……他的财富和他的权力蒙蔽了他的理智；当他极其残
酷地进行压迫时，他还以为他是在布施恩惠……他的雇工，人们这样
称呼他们，而实际上是他的奴隶，被置于极端绝望的境地；他们大部
分人失去了健康、家庭之乐、闲暇和童年时有益健康的户外游戏。由

---

① 《马克思恩格斯文集》第 1 卷，人民出版社 2009 年版，第 436 页。
② 《马克思恩格斯文集》第 1 卷，人民出版社 2009 年版，第 519—520 页。

于没有止境的单调的操作造成体力的过度消耗，他们变得任性放纵，不会思考或深思熟虑。他们除了下流的娱乐之外，不可能有任何体育、智育或精神方面的消遣；他们与一切真正的生活乐趣是无缘的。总之，很大一部分工人在当前制度下所过的生活是没有意思的。"① 除了日常生活中自由时间的剥夺外，在马克思主义现代城市观的视角下，工人阶级在日常生活中还主要面对着就业、住宅短缺等现实问题。城市就业问题主要包括大规模失业和雇用童工的问题，在英国的纺织工厂里，大规模对妇女和儿童的启用不过是因为他们更加便宜，除了在极其短促的繁荣时期，英国工业在任何时候都需要失业的工人后备军。城市居住问题和住宅短缺问题是马克思恩格斯谈论较多的部分，工人阶级糟糕的居住环境是由"资本是根本不关心工人的健康和寿命的，除非社会强迫它去关心"② 所导致的，也必须"由工人阶级自己占有全部生活资料和劳动资料"③ 提供突破口。

现代城市的产生与发展剥夺了工人阶级本可以用来安排日常生活的自由时间，但从大历史观来看，大工业在从农民到雇佣工人的身份转换过程中起到了革命性的作用，在《政治经济学批判》中，马克思指出，在城市"在再生产的行为本身中，不但客观条件改变着，例如乡村变为城市，荒野变为开垦地等等，而且生产者也改变着，他炼出新的品质，通过生产而发展和改造着自身，造成新的力量和新的观念，造成新的交往方式，新的需要和新的语言"④。同时，城市也

---

① 《马克思恩格斯全集》第31卷，人民出版社1998年版，第109—110页。
② 《马克思恩格斯文集》第5卷，人民出版社2009年版，第311页。
③ 《马克思恩格斯文集》第3卷，人民出版社2009年版，第307页。
④ 《马克思恩格斯文集》第8卷，人民出版社2009年版，第145页。

是孕育了工人团体、宪章运动和社会主义的第一空间，"共产主义运动决不会起源于农村，而总是起源于城市"①。

在马克思和恩格斯的现代城市观中，与实然相对，现代城市的日常生活有其应然的描述。除了生物学意义上的人口再生产，城市的生产功能中还应包括社会学意义上的人的生产，即对全面而自由发展的人的塑造，以城市为起点，区域的划分增加并奠定了造就全面而自由发展的人的可能，城市史学家芒福德曾经指出，城市作为空间生产的场所，是在一代人的时间内是否能够培养出杰出人才的决定性综合因素，表达出城市发展与人的发展不可分割的深层意蕴。②

三、马克思主义现代城市观的价值轴心

城市是人类对自身关系认知曲折发展历程的折射，自城市基于人类的生活需要诞生以来，一直作为乡村的比照对象站在人类物质文明和精神文明的制高点。在城市演进的过程中，人类曾暂时步入单纯将自然空间纳入资本增值单向发展目的的误区，最终导致了物质文明与其他文明的尖锐对立，也由此成为现代社会问题与矛盾的主要根源。在工业文明时代，随着城市的进一步发展，对立于资本的现实因素也在城市中萌芽，马克思恩格斯抓住了城市中根源性矛盾瞬息万变的外在表征，从资本逻辑发端，开始迈向人本价值的辩证回归。在马克思

---

① 《马克思恩格斯全集》第 3 卷，人民出版社 1960 年版，第 410 页。
② 参见［美］刘易斯·芒福德：《城市发展史——起源、演变和前景》，中国建筑工业出版社 2005 年版，第 116 页。

主义现代城市观的理论体系中，马克思恩格斯对于资本主义现代工业城市的现实批判不仅仅在揭示城市作为资本积累及阶级对抗空间载体的意义上，成为后世开展城市相关理论研究的起点，更由此生发出对未来城市社会的美好展望，成为后世研究资本主义城市化发展趋势的理论基础及价值导向。

（一）人本价值的城市演进

纵观城市发展史，围绕着人与空间的关系，从被动适应自然规律到主动改造并建构人化空间，再到工业文明的开端，城市的概念随着时代的变化而变化，其发展也在不同时期遵循着不同的价值逻辑。启蒙运动后，自然由于对人主体性和科学理性的弘扬而被拉入人类意志的发展轨道，在无序的发展路径中，人类曾经暂时步入单纯将自然空间纳入资本增值单向目的的误区，最终导致了物质文明的快速发展及与其他文明的尖锐对立，也由此成为现代社会问题与矛盾的主要根源。马克思恩格斯的著作中充满着对人类社会起源、城市起源的有关洞见，其现代城市观对现代性的反思与批判，一方面是从工业城市对人主体性忽视，消费社会对人本价值背离视角出发的深刻反思，同时也是对城市发展史中作为人类生活环境的原始城市功能的价值回归。

早期的原始城邑是人类向城市迈出的第一步。"曾经在地域上、历史上等等发生一些重大的变化——是原始部落更为动荡的历史生活、各种遭遇以及变化的产物，它也要以共同体作为第一个前提……不是以土地作为自己的基础，而是以城市作为农民（土地所有者）的已经建立的居住地。耕地表现为城市的领土；而不是村庄表现为土地的单纯附属物。"① 基于土地所有制变化而发展的农业、畜牧业从原始村落中释放出来，而其最初所具有的如宗教、安全、政治、经济等属性与功能最初都是为了实现生活在其中的共同体的现实需要，原始城邑是城市文明的开篇，其为后续的城市发展奠定了基础，也形成了以城市为全新载体的基因与记忆。在氏族社会向奴隶制社会转变的过程中，基于部落利益的共同体联盟逐渐被以生产规律为组合的地缘政治取代，但城市发展从原始城邑进入帝国城市的标志不仅限于生产力的迅猛发展及城市文明的新巅峰，而是对人作为城市主体的关注。"正是随着古典文明体系中'人'的发现，清晰可见贯穿这一时期城市发展的人本逻辑和价值追求。雅典古城所代表的古希腊城邦发展的高度，亚历山大城所诠释的横贯全球的实力与影响力……展现着人性光辉的古典城市构成了古典文明国家的精神与物质载体。"② 随着封建制度的发展与解体，中世纪封建城市发展与农村紧密联系，最终生产出如市场需求、地理条件、贸易规模等前提条件。在此过程中，于城市的宜居性考虑，文化发展、宗教等方面均具有人本价值的考虑："如果中世纪城镇上的声音是悦耳的，那它的景色也是润目的。城镇的每一部分，从城墙开始，那是作为一件美术品来制作的。甚至有些宗教建筑内部不被人们看到的地方，也做得非常精致，好像准备在大庭广众之下供人们参观一样，因为在这些地方，拉斯金很早以前就指出：至少上帝能看到匠人的虔诚和喜悦"③，最终为现代城市化的模

---

① 《马克思恩格斯文集》第 8 卷，人民出版社 2009 年版，第 126 页。
② 宗海勇：《空间生产的价值逻辑与新型城镇化》，苏州大学博士学位毕业论文，2017 年。
③ ［美］刘易斯·芒福德：《城市发展史——起源、演变和前景》，宋俊岭、倪文彦译，中国建筑工业出版社 2005 年版，第 317 页。

式构建提供了参考。

尽管近代工业城市前的封建城市奠定了现代城市发展所需的基础条件，为其模式构建提供了参考，但城市体制的革命性变革还是直到现代才真正出现，直到 18 世纪后期，英国才在工业革命的基础上率先创立了中心区域依靠大规模产品加工的新型城市，而这一演变标志着全球城市革命的开端。也是在工业城市的发展过程中，资本无限度追求剩余价值的本性使得城市价值迷失，将人的角色从城市的主体转变为了城市的附庸，反过来受到城市的主宰与支配。事实上，工业城市的出现首先源于城市在文艺复兴指引下脱离宗教附属及神权统治的过程，而以"人"为中心的启蒙理性体系使人的主体性存在摆脱了对神的盲从和依赖，从而获得了发挥主观能动性以改造物质世界的机会。"启蒙理性内含的一个中心，就是颠倒人与外部世界的关系，将人作为全部哲学的中心，建立人类中心主义的意义哲学。如果说自然给予人本性的话，那么人以自身的理性和需要为尺度重新审视自然，将自己作为自然对象的主人，作为判定对象有无意义或正反意义的标准。"[1] 人本价值导向是个人作为主体摆脱神而成为生产力的现代性基础，却在城市发展与生产力进步的交织中背离了其本质。在资本主义社会中，资本逻辑的支配使城市发展向着效率的片面化目标高歌猛进，造成人与自然空间关系的失衡、人本价值的失落、发展方向的迷失等一系列问题，"新型的工业社会可能创造史无前例的财富，但是，这是以牺牲基本的人类价值

---

① 任平：《创新时代的哲学探索——出场学视域中的马克思主义哲学》，北京师范大学出版社 2009 年版，第 250 页。

为代价的"①。资本积累的动因要求资本主义生产力与生产关系一刻不停地向前运动，在此逻辑下，对资本的一切限制和边界都被视作是需要克服的障碍，这是资本主义社会根本的局限性所在。在马克思主义现代城市观的历史性批判视域下，人成为了分工与生产链条中的填充物，被生生嵌入工业生产所需要的环节中，在失去自由发展权利的同时一刻不停地受到城市发展的攫取与掠夺。"人的功能变为商品这一事实，最确切地揭示了商品关系已经非人化和正在非人化的性质。"② 在忽视人最简单的自然生态与社会需求，将城市中生活的实质变为物的符号的同时，马克思恩格斯认为，近代工业城市也已经生产出使其自身灭亡的现实条件。资本主义现代工业城市成就于人，也将由于背离了人而消灭于人，在城市生活已经成为社会生活主导形式的历史前提下，马克思恩格斯指向了城市革命的现实路径。

（二）人本价值的辩证形成

在工业文明时代，支配"有目的地改造客观对象的物质活动"的实践能力的实权交托在资本手中。也是在这一阶段，城市的价值导向转变为对剩余价值的无尽追求，现代工业城市受资本积累的驱动来发展自身，使得大工业化和市场化、全球化飞速发展，创造了巨大的社会物质财富。但仅仅将城市视作孕育资本主义生产力与生产关系的

---

① ［美］乔尔·科特金：《全球城市史》，王旭等译，社会科学文献出版社 2014 年版，第 148 页。

② ［匈］卢卡奇：《历史与阶级意识》，杜章智等译，商务印书馆 1999 年版，第 160 页。

舞台，将资本作为城市批判视角下的唯一角色，也是对马克思主义现代城市观中丰富人本主义意蕴的忽视。随着城市的进一步生发，对立于资本的现实因素于后工业文明的城市中萌芽，马克思恩格斯抓住了城市中根源性矛盾瞬息万变的外在表征，从资本逻辑发端，开始迈向人本价值的辩证回归。

1. 现代工业城市与资本逻辑

在马克思主义的资本批判研究体系中，资本主义工业生产依赖于城市工厂体系的建立与完善。工厂的迅猛发展直接导致了周边生产要素的集聚，并进一步作为城市中心招揽了所需的物质生产资料、劳动力资源、通信交通、科学技术等便利条件，促进形成日益扩大的劳动分工和经济集聚规模，最终形成以城市化为核心的资本主义全球化发展，自由贸易与封建制度的分崩离析成为现代世界历史的开端。在这些现象背后，作为资产阶级社会支配一切的经济权力，资本是支配城市运作与发展的根本原因，并在其中进一步获得积累与扩张。

城市是资本主义生产方式得以确立和扩大理想环境的物质形态，在资本主义的现代化进程中，从社会生产力发展与人类文明进步的视角来看，城市既推动其辉煌，又推动其灭亡。一方面，城市从诞生之初便获得了之于乡村的优先进步地位，形成了现代与传统的分水岭；另一方面，近代工业城市的兴起同样为西方无产阶级的形成及其革命斗争创造了客观条件，以城市为载体出现的"随着财富增长而实行的城市'改良'"① 等是马克思恩格斯分析城市中冲突问题根源的重要透视窗口，使马克思恩格斯看到了工人阶级的进步性乃至无产阶级

① 《马克思恩格斯文集》第5卷，人民出版社2009年版，第757页。

革命爆发的可能性，完成了在资本逻辑推动下现代城市从单纯聚焦城市中的问题到问题中的城市再到现实中的人的理论转向。

2. 资本主义现代工业城市的异化

一定程度上，马克思恩格斯肯定了资本对于城市发展的积极推动作用，它使得城市化的进程大大加快，也使得一大部分居民脱离了农村生活的愚昧状态，但在资本逻辑推动下的城市不仅在走向文明，也在走向贫困："劳动为富人生产了奇迹般的东西，但是为工人生产了赤贫。劳动生产了宫殿，但是给工人生产了棚舍……劳动生产了智慧，但是给工人生产了愚钝和痴呆。"[①] 工人阶级与工厂主、资本家生活境况的鲜明对比使马克思与恩格斯关注到了城市与人之间的关系作为目的与手段的颠倒，作为矛盾发生的载体成为了异化批判的对象。本质上，城市作为人主观能动的创造物应该为工人阶级服务，但却反过来成为了人类命运的主体和主宰，在颠倒的主客体关系下，资本的增值原则将城市的每一个组成部分都变成了可以讨价还价的商品，也使居住于城市中的每一个个体都被裹挟到由其所构成的经济罗网中。

在城市异化批判论的视角下，马克思恩格斯从城市归属对象的异化与回归，城市治理主体的异化与回归及城市发展目的的异化与回归三个层面完成了从对资本逻辑的批判到以人为价值导向寻求变革的转换，作为人感性活动及生命活动的对象，主体与客体关系的外在表现应回归到"环境的改变和人的活动的一致，只能被看做是并合理地理解为变革的实践"[②]。城市应该依据大部分人的目的和需要改造社

---

① 《马克思恩格斯文集》第 1 卷，人民出版社 2009 年版，第 158—159 页。
② 《马克思恩格斯文集》第 1 卷，人民出版社 2009 年版，第 504 页。

会空间，建筑功能性居所，在认识到城市与人之间异化并完成人本价值回归的意义上于生产的同时彰显人自由而全面的个性。

3. 人本价值的辩证形成

马克思主义现代城市观是通往人本价值的桥梁，在批判的视野下，于资本主义现代工业城市中真正起到作用的是资本关系，而非劳动主体。在马克思恩格斯对城市起源、过程及发展趋势的考察过程中，以生产方式分析为理论抓手指出了资本主义现代工业城市的异化过程，在城市进一步的发展中试图提出拨乱反正的方法，恢复颠倒关系中作为人的主体性，最终使人能够得到自由而全面的发展，是马克思恩格斯以城市作为入口对资本主义展开批判的最终价值归属。

"马克思曾指出：'价值问题，本质上是一个关于主体、人的问题'，离开活动着的现实的人，根本不存在价值问题，把价值作为人之外的宽泛理解对人说来都没有任何实际意义。"[①] 尽管马克思恩格斯基于资本逻辑的城市研究呈现出资本主义批判的明显倾向，但这一批判越是激烈并显现出其现实意义，便越是辩证地反映出人类困守于资本逻辑的境遇，指向与之对立的人本价值的真正回归。其一，马克思恩格斯在考察城市时始终将生活在城市中的人作为考察对象，以人本价值作为研究的出发点，考察工人阶级的就业问题、住宅问题、生活问题，思考能够改善其生存环境的方法，并批判资产阶级在此过程中表现出的伪善，指出在同一城市或同一区域中表现出的截然相反生存场域背后的不合理性，逐渐由对工厂制度的批判转向对资本主义制度本身的抨击。其二，在指出解决城市异化的根本方法是消灭人类社

---

① 吕世荣、周宏、朱荣英：《马克思主义哲学的当代视野》，人民出版社 2006 年版，第 187 页。

会生产过程中最后对抗形式——资产阶级的生产关系的意义上，马克思主义现代城市观真正完成了从资本逻辑向人本价值的范式变革。一方面，早在指出"资本不是物，而是一定的、社会的、属于一定历史社会形态的生产关系"① 的同时，马克思恩格斯已经指向了资本力量对城市支配只是一定社会历史条件下出现的特殊现象的结论。作为一个过渡阶段，资本逻辑主导的社会形态将为建立在人类自由全面发展基础上的新社会形态的出现创造条件。另一方面，马克思主义现代城市观也讨论了这种变革在当时的时代条件下的可行路径。城市本应是人作为主体生产自身的过程中得到的对象化空间产物，而资本作为伪主体掩盖了城市与人之间真正的关系，因此，只有重新从人的境遇出发，才能够激活回归人本质的，有利于人类自由全面发展的全新城市社会。

（三）人本价值的城市展望

马克思恩格斯对共产主义的展望建立在"个人全面发展和他们共同的、社会的生产能力成为从属于他们的社会财富这一基础的自由个性"② 上，是以生产力普遍发展以及与此相关的世界交往的普遍发展为前提的，消除了异化状态的阶段。而马克思恩格斯对于资本主义现代工业城市的现实批判，不仅仅在揭示城市作为资本积累及阶级对抗空间载体的意义上成为后世开展城市相关理论研究的起点，更由此生发出对未来城市社会的美好展望，从考察城市的起源、发展、未来

---

① 《马克思恩格斯文集》第 7 卷，人民出版社 2009 年版，第 922 页。
② 《马克思恩格斯文集》第 8 卷，人民出版社 2009 年版，第 52 页。

趋势出发是如何推导出人全面而自由发展的问题同样成为后世研究资本主义城市化发展趋势的理论基础及价值导向。

从城市发展的宏观视角来看，城市的发展本身为实现人自由而全面的发展提供着政治与经济条件。这里的政治与经济条件即对应着自由而全面发展的两个前提：其一，只有资本主义生产方式中的现代工业城市才能够在几十年内生产出如此庞大的生产力，创造出如此巨大的物质财富。同时，资本主义生产伴随着城市发展，在带来经济繁荣的同时也生产出了资本主义社会的基本矛盾，社会生产力日益要求以自己本身的属性替代其作为资本的属性，也迫使基本阶级部分地承认了生产力的社会性质，为资本主义的灭亡创造着前提条件。其二，近代以来开启的以工业化、全球化以及伴随的城乡、阶级对立为普遍特征的城市化是对传统城乡及城市自身发展模式的根本性突破，一方面带动了城市乡村深刻联系与普遍发展，另一方面促进了全球化进程。城市化发展对物质生产的介入是生产力发展过程中的历史必然，也由于资本主义物质生产的扩张本性，以城市化作为外在表现形式，实则加速了回归人自由而全面发展目标的前期准备进程。

在马克思主义现代城市观视域下，城市还创造了对抗资本逻辑，回归人本价值的主体——无产阶级，以及使这一阶级成长壮大的条件。"在伪善地掩饰着工人的奴隶地位的宗法关系下，工人势必在精神上死气沉沉，对自己的利益一无所知，成为十足的庸人。只有当他和自己的雇主疏远的时候，当他看清自己和雇主仅仅由于私人利益、仅仅由于金钱利润才产生联系的时候……工人才开始认清自己的地位和利益，开始独立地发展起来；只是在这个时候，他才不再在思想、感情和意志表达方面也成为资产阶级的奴隶。而在这里起主要作用的是大工业和大城市。"① 在起到生产人的功能意义上，一方面，工业城市不断再生产着劳动力，充满着工人阶级被剥削的血泪史；另一方面，也生产出自由而全面发展的人的前提条件，是工人阶级意识觉醒的进步载体。觉醒是斗争的必要准备，人自由而全面发展目标的达成必须经由意识到自己是不自由、不全面的这一阶段。

需要补充的是，在新时代条件下，要创造性地继承与发展马克思主义现代城市观的理论内涵，而非教条遵循。如马克思主义城市观的终极价值指向是消灭分工，消灭城乡对立，实现人自由而全面的发展，但"终极价值目标是方向性的引领，最终要消灭城乡之间的对立，但并不等于说当代已经具备了这样的历史条件"②。也正如马克思自己所提到的"消灭城乡之间的对立，是共同体的首要条件之一，这个条件又取决于许多物质前提，而且任何人一看就知道，这个条件单靠意志是不能实现的（这些条件还须详加探讨）"③。在物质前提未准备完全的当代，还不能够把消除城乡对立作为社会发展的直接目标，与之相伴的还有对通往自由而全面发展路径的探求，马克思恩格斯提出城市革命作为当时历史条件下的切入点，但在当代马克思主义城市观的发展过程中，如何正确使用城市革命的武器，评价城市革命的实践地位，在时代变化的过程中是否已经生产出了其他可行的路径等是需要进一步考察的理论问题。

最后，对城市发展中价值导向的探求，从根本上是为了"促进

---

① 《马克思恩格斯文集》第 1 卷，人民出版社 2009 年版，第 436—437 页。

② 庄友刚：《马克思的城市思想及其当代意义——兼论当代马克思主义城市观的建构》，《东岳论丛》2019 年第 4 期。

③ 《马克思恩格斯文集》第 1 卷，人民出版社 2009 年版，第 557 页。

人们自觉地参加宇宙和历史的进程。通过自身复杂和持久的结构，城市大大地扩大了人们解释这些进程的能力并积极参加来发展这些进程，以便城市舞台上上演的每台戏剧，都具有最高程度的思想上的光辉，明确的目标和爱的色彩。通过感情上的交流，理性上的传递和技术上的精通熟练，尤其是，通过激动人心的表演，从而扩大生活的各个方面的范围，这一直是历史上城市的最高职责。它将成为城市连续存在的主要理由。"① 因此，无论是在马克思与恩格斯所生活的时代背景下对未来城市进行人本价值的展望，还是对城市的人本价值进行新时代阐释，变动的只是具体实践的方法，始终不变的是对生活在城市中的居民追求美好生活的保护，对以人为本价值取向的坚持。城市的发展应属于人民，为了人民，依靠人民，这是以马克思主义现代城市观纵观城市发展史后对资本逻辑的根本扬弃，对人主体性的根本复归。

---

① ［美］刘易斯·芒福德：《城市发展史——起源、演变和前景》，宋俊岭、倪文彦译，中国建筑工业出版社 2005 年版，第 422 页。

第 二 章

人民城市理念的理论基础

以马克思主义城市观为理论基础，人民城市重要理念在价值取向、生态建设、空间设计与功能设计四个方面于新时代背景下继承与发展了城市异化批判论、城市生态批判思想、城市空间正义论与城市功能论。在城市属于人民、城市治理依靠人民和城市发展为了人民的三重意义下，人民城市完成了马克思主义城市观中城市异化批判论视野下城市归属对象、治理主体及发展目的的回归；从马克思主义城市生态批判思想出发，人民城市在生态空间与居民生态价值观念的双向生产过程中探索生态建设与人的解放相结合的现实路径；基于马克思主义的城市空间正义论，人民城市以形成符合人民主体精神的空间形态与空间关系为空间生产活动的根本目的；面对目前我国大部分城市发展规划存在的无差别、同质化及西方化、模板化现象，从马克思主义城市功能论出发，人民城市追求生产、生活、生态空间，传统与现代空间，城市与乡村空间的三重平衡。

一、城市异化批判理论与人民城市的价值取向

资本主义社会下的城市是由资本逻辑主宰的空间，作为资本积累

实现的载体，城市为实现工业时代创造生产力聚集出必需的生产要素而存在，对于当时作为人口大多数的雇佣劳动者来说，城市与人之间的关系作为目的与手段发生了颠倒，本质上，城市作为人的创造物成为了左右人类命运的主体和主宰。在城市异化批判论的先行视角下，对照资本主义现代工业城市，"的确，文明在大城市中给我们留下了一种需要花费许多时间和力量才能消除的遗产，但是这种遗产必须被消除而且必将被消除，即使这是一个长期的过程"①。而价值取向是人民城市重要理念作为一种理论出场所需要面对的根本性问题，指引着中国城市建设的未来方向。在城市属于人民，城市治理依靠人民和城市发展为了人民的三重意义下，人民城市背后始终是以人民为中心的价值取向，以人民对美好生活的向往作为一切工作的出发点和落脚点，完成了城市异化批判论视野下城市归属对象、治理主体及发展目的的回归。

（一）城市异化批判理论下人的生存困境

在《1844 年经济学哲学手稿》中，马克思对劳动及其异化问题进行了理论构建，形成了马克思主义基础理论中重要的哲学批判构架之一，其中具体提出了四重逻辑层面的劳动异化，即：（1）劳动对劳动主体的异化；（2）劳动对劳动对象的异化；（3）外在的社会需要成为劳动者异己性的强制；（4）劳动者的生命活动异化为手段性的谋生活动。异化论的根源在于指出了劳动和资本颠倒的关系，即在

① 《马克思恩格斯文集》第 9 卷，人民出版社 2009 年版，第 314 页。

资本主义私有制条件下，资本作为劳动活动的生成物反过来却获得了对劳动的统治权，并赋予了自身作为权力和意志之价值取向的意义，成为了劳动的异化。在资本主义现代工业城市作为研究对象的话语体系中，城市对于雇佣劳动者来说是劳动异化的空间载体。对应马克思主义的四重异化逻辑，所谓的城市异化批判论，批判的即是人和城市之间发展要求的违背，城市与人的关系作为目的与手段的颠倒，本质上是城市作为人的创造物成为左右人类命运的主体与主宰。[①] 在城市中，"劳动为富人生产了奇迹般的东西，但是为工人生产了赤贫。劳动生产了宫殿，但是给工人生产了棚舍。劳动生产了美，但是使工人变成畸形。劳动用机器代替了手工劳动，但是使一部分工人回到野蛮的劳动，并使另一部分工人变成机器。劳动产生了智慧，但是给工人生产了愚钝和痴呆"[②]。马克思的异化批判理论不仅仅建构于经济与政治领域，还表现在完整的生产行为及生产活动中，相应地，城市的异化也广泛存在于经济、政治、生态和社会系统中，外化为经济、安全、就业、生态等方面的城市病，为生活在其中的居民带来风险。

正如马克思所形容的"一种整个社会都要向它屈膝的普遍力量"[③]，资本的力量在现代工业城市中无处不在，资本在城市空间内的无限扩张由本身应服务于城市经济发展的身份变为城市的权威主宰，使城市的发展演化均在资本的逻辑下运行，形成了城市的现实异化。城市的异化风险也深深根植于资本积累的过程与矛盾中，在资本

---

① 参见陈忠：《城市异化与空间拜物教——城市哲学与城市批评史视角的探讨》，《马克思主义与现实》2013年第3期。

② 《马克思恩格斯全集》第3卷，人民出版社2002年版，第269—270页。

③ 《马克思恩格斯文集》第4卷，人民出版社2009年版，第130页。

展开的过程中建构出了人与城市之间、人与人之间、城市与城市之间、人与自然之间及城市与自然之间的多重异化。人类面临着个人发展受到城市发展控制与支配；在城市为人类创造集约型生活空间的条件下却愈加喜欢离群索居；以影响甚至牺牲周边郊区、乡村、城市的代价来发展自身；以消耗自然空间作为代价发展经济利益；将城市化进程无序扩大，罔顾生态警戒线而造成过度的城市开发等现实问题。

在马克思恩格斯的城市异化批判视角下，解决城市异化之根本原因在于消灭资本主义的生产关系，资产阶级的生产关系是社会生产过程中的最后一个对抗形式，其探求的是真正能够回归颠倒的主客体关系根源性变革。由于世界历史的形成及改革开放等现实出场，中国也不可避免地面临着城市异化的问题，在消费欲望和现实需求、经济效益与生态环境、交往的普遍性与个人的原子主义等方面寻求平衡。作为城市病的内在原因，城市异化批判理论是隐藏于诸多城市社会问题中的深层结构性剖析，而人民城市的价值取向基于城市异化批判理论的生发是新时代以来中国特色社会主义在新形势下做出的理论创新，是承继马克思主义城市异化批判论的，对当今时代人类生存困境问题的深刻洞察，其试图通过对城市归属对象、城市治理主体及城市发展目的的回归为新时代中国城市建设树立价值导向。

（二）城市归属对象的异化与回归

在资本主义生产条件下的现代工业城市既不属于资产阶级也不属于工人阶级，在没有明确城市归属对象的前提下，人屈从于城市的发展逻辑，其发展最终让一方的利益受到了另一方利益的压榨，也让民族利益被少部分人所强行代表。"高度聚集又极度分化的城市结构维持于资产阶级所主导的城市秩序,'大城市'从头到脚都渗透着利己主义的工业精神……从法律上看,曼彻斯特工人住宅区被隐藏起来的一个重要原因是资产阶级根本不愿意正视城市工人阶级的生存现状。"① 早在 1832 年英国"改革法案"通过时,工人的生存状况问题其实已经被列为全国性的问题,"虽然他们企图回避这个大问题,并把自己的特殊利益说成是真正的民族利益"②。由于资产阶级对生活资料的占有受到国家权力的保护,最终导致"无产者在法律和事实上都是资产阶级的奴隶,资产阶级掌握着他们的生死大权"③。人民城市之所以为人民城市而与其他性质的城市能够有所区分,其根本就在于人民能够共享城市最终的发展成果,人民城市重要理念背后对城市公共利益和治理成果由全体人民共享的时代意蕴是之于城市归属对象向度对城市与人关系异化的回归。

人民是国家的主人,也是城市的主人。从这个意义上我们可以说,人民就是城市,城市就是人民。在中国共产党建立政权后,通过对手工业和资本主义工商业的初步改造,完成了对生产资料所有制的转化,使人民成为了生产资料的主人,从根本上奠定了人民城市的经济基础,使消费城市转型为生产城市,使城市的归属权得到回归,使人民真正成为了城市的主人。④ 城市归属对象之所以属于人民主要体现在发展成果由人民共享上,习近平总书记强调:"共享发展是人人

---

① 张一方、刘怀玉:《从城市中的问题到问题中的城市——恩格斯城市批判思想及其当代意义》,《学术交流》2020 年第 12 期。
② 《马克思恩格斯文集》第 1 卷,人民出版社 2009 年版,第 403 页。
③ 《马克思恩格斯全集》第 2 卷,人民出版社 1957 年版,第 360 页。
④ 参见《把消费城市变成生产城市》,《人民日报》1949 年 3 月 17 日。

享有、各得其所，不是少数人共享、一部分人共享。"① 而"共享理念实质就是坚持以人民为中心的发展思想，体现的是逐步实现共同富裕的要求"②。党的十八大以来，党中央逐步把实现全体人民共同富裕摆在更加重要的位置，采取有力措施保障和改善民生，为促进共同富裕创造良好条件。

在城市内部，扩大中等收入群体规模，合理调节与规范高收入是人民城市共享发展理念的实践外化。同时，人民城市重要理念背后包含对于超大城市如何带动周边城市及地区共同富裕的回答。如上海作为超大城市的代表及城市群的核心，是我国资源要素最为集聚、发展阶段更加先行的区域，在实现自身的高质量发展和高水平治理的过程中也在带动着周边城市及地区的共同发展。习近平总书记指出："改革发展搞得成功不成功，最终的判断标准是人民是不是共同享受到了改革发展成果。"③ 这句话背后即是对发展回归人民共同享有的价值回归，一方面，上海与周边城市及地区共享产业链联系，以利益共享机制着眼不同地区人的共同发展；另一方面，上海着力推进超大城市公共服务资源与周边城市的共享机制，回应不同城市及地区居民生活水平差距保持在合理范围内的政策导向。城市是承载市民生产生活的重要空间载体，只有明确了城市"属民"的价值取向，才能够本着公平正义原则，将共享理念纳入治理实践，在推进城市治理成果总体规模的同时把握人民治理和人民享有的有机统一。

---

① 《习近平谈治国理政》第二卷，外文出版社 2017 年版，第 215 页。
② 《习近平谈治国理政》第二卷，外文出版社 2017 年版，第 214 页。
③ 中共中央党校：《习近平新时代中国特色社会主义思想基本问题》，人民出版社、中共中央党校出版社 2020 年版，第 115 页。

（三）城市治理主体的异化与回归

城市作为人类的劳动产品，本来应该受人的控制与支配，但在资本迅速扩张的过程中导致的劳动者和人需求的商品化，反过来使人类开始觉得自己是城市生产出的延伸性商品。"物的价值的异化语言倒成了完全符合于理所当然的、自信的和自我认可的人类尊严的东西。"① 城市的治理权不仅没有交托在广大劳动者、无产者手中，还持续地被少部分工厂主、资本家的欲望所侵占。更有甚者，伴随着人们日常生活的异化，原本的城市治理主体日渐退化为缺失了反抗能力的而依附并服从于资本主义意识形态的单面人。人民城市重要理念在强调人民当家作主，充分尊重和发挥人民作为城市治理主体的作用的意义层面上完成了价值取向的回归。

在中国的城市发展史上，对于城市主体的意识由来已久。解放战争后，中国共产党在接管城市之际便明确指出："城市已经属于人民，一切应该以城市由人民自己负责管理的精神为出发点。"② 人民至上是中国共产党建党百年奋斗汇总得来的重要历史经验，在城市治理中坚持以人民为中心，与党的初心与使命是高度契合的。承接这一建党以来最早的城市治理主体回归的表述，在城市化迅猛发展的新时代形势下，人民城市重要理念的背后意味着在城市的治理过程中充分突出人民的主体价值，推进城市主体从资本到人的真正转换，规避全球化条件下资本对城市化的无序牵引作用，调动人民的积极性、主动性、创造

---

① 《马克思恩格斯全集》第 42 卷，人民出版社 1979 年版，第 36 页。
② 《毛泽东选集》第 4 卷，人民出版社 1991 年版，第 1324 页。

性，拓宽人民群众的参与渠道，完善人民群众的评判机制，鼓励人民参与到城市治理的各个环节，在提升自治能力的同时实现城市的共同治理。

一方面，人民对美好生活的需要是人民城市发展的根本目的；另一方面，在对美好生活需要驱动下人民的自我探索与实践更是城市发展建设的不竭动力，人民群众发挥主体作用能够推动良性的城市治理已经成为中国城市治理实践中的宝贵经验，无论是人民代表大会制度这一根本政治制度，还是充满活力的基层群众自治制度，我国的一系列制度安排均是对人民当家作主的保障，不依靠人民群众的参与，许多改革实践不可能产生，许多伟大事业不可能完成，许多发展成果不可能创造。人民城市重要理念中对城市治理主体地位的强调是承接城市属于人民的现实实践，人民群众在治理过程中的广泛参与是城市"属民"属性下的应然，同时，在过去的城市发展过程中，存在过人民参与"走过场"的现象，而最终导致了对人民参与的"简单化"理解，不能够真正动员人民对社区中出现问题的自发理解与解决①，失去了自下而上治理模式的优势。面对人民治理城市过程中可能出现的问题，更应强调理念的旗帜引领作用，使城市治理主体的回归能够在中国特色社会主义的道路上贡献更多的经验与智慧，勾勒人人参与城市治理的生动实践。

（四）城市发展目的的异化与回归

在城市异化批判论的视野下，城市在工业化进程中发展的根本目

① 参见何雪松、侯秋宇：《人民城市的价值关怀与治理的限度》，《南京社会科学》2021年第1期。

的是作为资本积累的重要载体为工业时代创造生产力聚集出必需的生产要素。相比于乡村，其优越性就在于作为市场、生产力、生产关系、上层建筑空间的聚集功能，无论是进一步聚集工人作为"资本积累的杠杆"但无法为他们提供生存的场所："一个工业城市或商业城市的资本积累越快，可供剥削的人身材料的流入也就越快，为工人安排的临时住所也就越坏"①，还是为了进一步获取高额利润改变土地等级："在迅速发展的城市内，特别是在像伦敦那样按工厂大规模生产方式从事建筑的地方，建筑投机的真正主要对象是地租，而不是房屋"②，城市的规划与发展都在资本逻辑下运作。脱离人民的城市化是导致城市空间异化的主要原因，而人民城市重要理念背后之为民属性的价值取向则是城市发展目的异化的当今回归。

其一，在人民城市发展中满足人民的生活需要。正如马克思恩格斯所指出的："人们为了能够'创造历史'，必须能够生活。但是为了生活，首先就需要吃喝住穿以及其他一些东西。因此第一个历史活动就是生产满足这些需要的资料，即生产物质生活本身，而且，这是人们从几千年前直到今天单是为了维持生活就必须每日每时从事的历史活动，是一切历史的基本条件。"③ 作为一切历史的基本条件，满足人类的生活需要本应该是城市生成的原因所在，在马克思恩格斯的时代却反过来受制于城市的发展。与之相对，以人民为中心一直是中国做好城市工作的出发点和落脚点，并随着时代的发展孕育出新的理论内涵。中国特色社会主义进入新时代，党的十九大报告指出，我国

---

① 《马克思恩格斯文集》第5卷，人民出版社2009年版，第762页。
② 《马克思恩格斯全集》第46卷，人民出版社2003年版，第875—876页。
③ 《马克思恩格斯文集》第1卷，人民出版社2009年版，第531页。

社会的主要矛盾已经从人民日益增长的物质文化需要同落后的社会生产之间的矛盾转变为人民日益增长的美好生活需要和不平衡不充分的发展之间的矛盾。人民的生活需要在物质需求得到满足的基础上在城市层面也发生了转变，只有把满足人民的生活需要作为城市建设始终不渝的目的，才能够在规划过程中面向人民群众最关心的民生问题，以更加科学化、精细化、人性化的设计满足人民日益多样化、个性化、品质化的各方面需求，随着人民需求层次的变化而变化，同时在人民满足对生活需求的同时完成自身的空间生产。

其二，在人民城市发展中朝着人自由而全面发展的目标前进。除了生物学意义上的人口繁衍，城市的生产功能还包含着社会学意义上的人的生产，即对人的自由而全面发展的塑造。以正确理念引导的城市发展与生活在其中的人民的生产是双向互促的，在城市建设的实践过程中，人民也能够通过人民城市重要理念的指引完成自身的发展与完善。朝着人自由而全面发展目标前进的人民城市需重视人的培养过程，在教育、就业等环境方面为人民提供足够的选择空间和发展空间，聚焦城市公平问题，朝着建立真正共同体的理想奋进。

二、城市生态批判理论与人民城市的生态建设

马克思主义创始人的城市生态批判理论源于其对自然系统在资本的生产和流通过程中重要性的重视，正是在现代工业城市作为载体而在自身发展中建构资本主义生产方式的过程中，自然在构成使用价值的基础上同劳动一起成为物质财富的源泉，且由于其自身独特的区分

于工业活动中劳动过程的、不能够完全受人类把控的生物与物理属性，自然在资本的周转与再生产过程中起到限制性的作用，也因此成为可能构成危机的要素之一，在城市中展现出种种起源于人，又不利于人的外在生态表征。从人类社会发展的历史维度来看，生态危机是工业文明走向衰亡的基本标志。生态危机的起点是城市，对工业文明的批判及对生态危机解决的方法之起点也在城市。从马克思主义城市生态批判思想出发，进入新时代以来，以城市工作会议中人民城市重要理念的提出为起点，人民城市成为能够引领生产方式转变、消费模式转型及生态制度建设，最终起到从工业文明迈向生态文明示范作用的实践基点，也在生态空间与居民生态价值观念的双向生产过程中探索生态建设与人的解放相结合的现实路径。

（一）马克思主义现代城市观的城市生态批判视角对人民城市的启示

工业革命是人类在与自然关系中处于压倒性主动地位的时间分界，资本主义现代工业城市也由此成为马克思恩格斯观察生态变化的重要窗口。事实上，马克思主义的政治经济学并不具有明显的生态学痕迹，但"马克思对那些把生产过程中的剥削方式自然化的政治经济学家的批判，并没有遮蔽他对自然系统在资本的生产和流通过程中重要性的重视"[①]。正是在现代工业城市作为载体而在自身发展中建构资本主义生产方式的过程中，自然在构成使用价值的基础上同劳动

---

① ［美］奥康纳：《自然的理由：生态学马克思主义研究》，唐正东、臧佩洪译，南京大学出版社 2003 年版，第 194 页。

一起成为物质财富的源泉，且由于其自身独特的、区分于工业活动中劳动过程的、不能够完全受人类把控的生物与物理属性，自然在资本的周转与再生产过程中起到限制性的作用，也因此成为可能构成危机的要素之一。马克思主义现代城市观下，城市生态批判视角主要从以下循环展开，即以现代工业城市为观察的视角，得出资本主义生产既建立在对不可再生资源的开发和利用上①，也会对整个生态系统都产生破坏性的作用，最终反过来限制未来的资本主义积累的结论。资本积累导致一定程度以及一定类型的生态问题，而生态危机也有可能会引发经济危机。从资本主义条件下的社会生产起始，自然被视作生产资料的一部分被纳入到了资本积累的框架中，"资本主义生产发展了社会生产过程的技术和结合，只是由于它同时破坏了一切财富的两个源泉——土地和工人"②。在马克思主义现代城市观的视角下，这是资本通过积累以损害或破坏自身生产方式走向自我否定的过程，也是人民城市需要从根本上规避的城市规划的价值导向与逻辑遵循。

一方面，生态系统的构建原则呈现多样化形态，如水力循环系统、热能系统、土壤系统等，但凡外在力量想要介入生态系统，则必须学习并遵循不同系统的多样原则。而"幸亏作为劳动者的人类从生产资料和生产对象中分离（异化）了出来，才使得当今的资本主义社会经济关系的再生产，与以前的生产模式相比更少地受制于源自

---

① 尼古拉斯·乔治斯库·劳根的名字通常与能源经济学联系在一起，得出资本主义社会的主要能源形式事实上是——本质上是不可再生能源的矿物燃料，也因此对亿万尚未出生的人来说具有十分重要的意义。
② 《马克思恩格斯文集》第5卷，人民出版社2009年版，第580页。

于特定地方或地区的独特的自然条件的危机，资本能够不依赖于任何独特的自然条件而进行运转"①。另一方面，生态系统中许多先天的本性与资本逻辑是相悖的，如同马克思举出的造林业的例子："很长的生长周期……以及由此而带来的资本周转时间的加长，使森林种植业成为一种对私有化生产以及资本主义生产来说并不适合的行业……文明以及工业的发展已经在总体上显现为一种破坏森林的活跃力量，以至于与此相比，所有在森林的保护和生产的名义下所做的事情已经变得毫无意义。"② 两个现实条件的结合，似乎为资本提供了能够无限扩张其经济支撑体系的力量，同时也在呈现出足以毁灭整个生态系统的样态却从未停止自己扩张的脚步。也因此，在城市发展成熟的现代社会中，生态仅仅是资产阶级眼中资本得以开始的出发点，而永远不可能成为资本的归宿："在各个资本家都是为了直接的利润而从事生产和交换的地方，他们首先考虑的只能是最近的最直接的结果。当一个厂主卖出他所制造的商品或者一个商人卖出他所买进的商品时，只要获得普通的利润，他就满意了，至于商品和买主以后会怎么样，他并不关心。关于这些行为在自然方面的影响，情况也是这样。"③ 而与生态破坏直接相关联的便是资本主义现代工业城市中工人阶级的生活状况。在《论住宅问题》《英国工人阶级状况》等著作中，恩格斯描绘出生态环境破坏伴随着人生存境遇的极端恶化，并指出其根本原因在于城市发展、城市结构、城市功能与环境的不相适应。以之为

---

① ［美］奥康纳：《自然的理由：生态学马克思主义研究》，唐正东、臧佩洪译，南京大学出版社 2003 年版，第 290 页。

② 莫放春：《马克思的生态学与生态学马克思主义研究》，人民出版社 2018 年版，第 168 页。

③ 《马克思恩格斯选集》第 3 卷，人民出版社 2012 年版，第 1000—1001 页。

转向，新时代，需将生态作为能够打造宜居人民生活环境的发展归宿。

在《资本论》中，马克思"不断诊断出资本霸权宰制下经济危机的内在症因，并且间接揭示了生态危机的逻辑源头"①。资本的积累和经济的扩张依赖的都是对第 I 部类中投资的扩大，建立在不断增长的相对剩余价值上，即导致对原料需求的不断增长。但第 I 部类作为资本积累的源泉同时也是损害生态系统的源泉，全球变暖、生物多样性的消失、酸雨、森林砍伐、金属矿藏量的流失等一些受到最多关注的生态问题背后都是工业革命生产出现代工业城市后进一步对资本积累无序扩张的催化所导致的。可以说，资本的积累是导致自然退化的直接原因，生态危机对资本积累可能起到反作用。由于无法在短时间内实现灵活调配的市场力量的支配下能源成本的加大、高额的地租等因素所导致的原材料的短缺会直接限制资本积累的进程，如 20 世纪后半叶发生的三次石油危机，生态危机作为起点引发了世界能源市场长远的结构性变化，也迫使资本开始回头寻求针对原材料稀缺的解决方法，开始寻找替代能源，开发节能技术。作为前车之鉴，新时代人民城市对能源和节能的观照不能够再建立于摇摇欲坠的危机之上，而应在保护与发展中寻找城市与生态、人与生态、人与城市的最佳平衡。

（二）人民城市：新时代从工业文明迈进生态文明的实践基点

从人类社会发展的历史维度来看，生态危机是工业文明走向衰亡

---

① 刘顺、胡涵锦：《从马克思到吉登斯：现代性批判的生态维度——兼论对中国生态文明建设的启示》，《东北大学学报（社会科学版）》2015 年第 2 期。

的基本标志，生态危机的起点是城市，对工业文明的批判及对生态危机解决的方法之起点也在城市，对城市化进程的单纯批判和减缓不过是在"开历史的倒车"。但在马克思主义城市生态批判思想视域下，在城市乃至中国建设起来的生态文明则是在反思和扬弃工业文明基础上发展起来的"后工业文明"，生态文明背后以人与自然、人与人、人与社会和谐共生为宗旨，在城市中建设生态文明，从根本意义上是为了使城市的成果能够可持续地惠及生活在其中的每一位居民。党的十一届三中全会之后，中国确立了以经济建设为中心的国策，以此为起点，经济建设与经济发展成为党和国家一切工作的根本出发点和落脚点，在城市规划中也主要使生态建设让步于经济发展。进入新时代以来，以城市工作会议中人民城市重要理念的提出为起点，人民城市成为能够继续引领生产方式转变、消费模式转型及生态制度建设，最终起到从工业文明迈向生态文明示范作用的实践基点。

对"大量生产、大量消耗、大量排放"的工业化生产方式进行生态化改造，形成"低消耗、少污染、可循环"的生态化生产方式，是从工业文明向生态文明转变的实践基点。产业生态化是生产方式转变的根本途径，其本质是从生态自然化的视角出发，在产业系统中模拟自然生态系统的原理，建立可循环的"产业生态系统"，从而能够把在城市内产业活动对自然环境的影响降低到尽可能最低的程度。而对于城市内的产业生态化，最具代表性的外在表现形式即生态工业园区的设立。在人民城市重要理念的指引下，2019 年上海已先行将上海市工业综合开发区、上海青浦工业园区建设成为国家生态工业示范园区，中华人民共和国生态环境部印发通知，并鼓励园区能够继续探索创新，进一步提高资源、能源利用效率，减少污染物的产生与排放量，同时能够积极发挥示范和带动作用，深入推动国家生态工业示范园区绿色发展。[①] 在《上海市 2021—2023 年生态环境保护和建设三年行动计划》中，也分设了工业污染防治与绿色转型发展专项，将推行 900 项产业结构调整，推进产业布局空间优化和产业转型升级，推动传统领域的智能化、清洁化改造。资本主义生产方式下的工业化生产破坏了"人和土地之间的物质变换，也就是使人以衣食形式消费掉的土地的组成部分不能回归土壤，从而破坏土地持久肥力的永恒的自然条件"[②]，而人民城市的建设发展始终在保护生态系统、避免自然退化的前提下进行，并且积极以技术创新探求同时符合生态规律与经济规律的可行路径。

人民城市生态建设必须由理念引领、制度保障、市场驱动和个人自觉等同步参与完善，从人类社会发展史的角度来看，虽然马克思主义城市生态批判思想已完成了对工业文明一定程度上的反思，带来了后工业文明出场与重构的可能性，但受制于工业文明遗留下的观念固化与路径依赖，生态文明不可能自发形成，比起从原始文明到农业文明再到工业文明的生发路径，生态建设并不随生产力的发展自发演进和顺势前行，而需摒弃已有的观念和行为模式，是从无序中建立起新秩序的艰难过程。工业文明价值观以满足物质欲望来确定人前进的行动方向与方式，将经济的发展作为基本的目标，而生态文明则要求形成人与自然间协调平衡的整体价值观与生态经济价值观，将人的活动

---

① 《关于批准上海市工业综合开发区等 4 家园区为国家生态工业示范园区的通知》，https://www.mee.gov.cn/xxgk2018/xxgk/xxgk03/201907/t20190717_711353.html。

② 《马克思恩格斯文集》第 5 卷，人民出版社 2009 年版，第 579 页。

置于服从人与自然完整系统的利益考虑下。人民城市重要理念引领下的生态建设不仅是对生产方式的生态化改造，也是引领朝向生态文明价值观的，是对工业文明价值观的扬弃。

人民城市重要理念之所以能够成为新时代从工业文明迈进生态文明的实践基点，一方面是由于它本来就随着中国的城市发展蕴含于我国进行城市规划的价值遵循中，并随着现实实践的累积不断丰富着真正出场前的准备条件，另一方面是由于我国特殊的国情，一些地区具有改建工业老区并赋予其生态功能的现实条件，但一些地区还远远没有达到像发达国家那样能够依靠服务业和战略性新兴产业发展来实现节能减排的阶段，在我国区域差异明显的前提下，也不能将全部精力投入生态建设而违背产业发展和区域分工的客观规律，刻意改变产业结构。在工业化既创造资源又面临资源约束的当今，人民城市重要理念的出场能够在生态与工业之间形成制约和协调平衡，让两者都能够遵循人本逻辑的价值导向，将生活在城市中的居民的生命活动作为继续建设生态文明并使其可持续发展的终极支撑。

（三）人民城市：生态建设与人的解放结合的路径探索

空间开发的失衡与区域发展的不协调原本是造成我国多个区域生态环境持续恶化，生态建设无法推进的重要根源。"我们每走一步都要记住：我们决不像征服者统治异族人那样支配自然界，决不像站在自然界之外的人似的去支配自然界——相反，我们连同我们的肉、血和头脑都是属于自然界和存在于自然界之中的；我们对自然界的整个支配作用，就在于我们比其他一切生物强，能够认识和正确运用自然规律。"① 与马克思恩格斯曾经在城市中考察到的环境恶化、生态建设背后的不公平现象相对，人民城市始终在其建设过程中将对生态的保护与建设置于城市规划中的重要地位，并在生产生态空间的同时也致力于"生态人"的生产，探索生态建设与人的解放相结合的现实路径。

在 2015 年的中央经济工作会议上，习近平总书记提出了要"尊重自然、顺应自然、保护自然，改善城市生态环境"，将对生态环境的重视提升到了国家战略的高度。于上海杨浦滨江考察时，习近平总书记指出，人民城市人民建，人民城市为人民。在城市建设中，一定要贯彻以人民为中心的发展思想，合理安排生产、生活、生态空间，努力扩大公共空间，让老百姓有休闲、健身、娱乐的地方，让城市成为老百姓宜业宜居的乐园。因此，人民城市重要理念在生态维度上是生态建设国家战略与人民至上重要理念的城市结合，包含城市环境的宜居、宜业、宜游、宜乐同人民共建、共享、共治的双重目标。

人民城市为所有居民创造人与自然和谐共处的生态环境，克服了马克思恩格斯笔下资本逻辑对城市生态布局的支配。如设立重要资源水环境、大气环境与土壤环境的保护专项，立足于持续提升生态空间的规模和品质，强化城市中生态系统服务功能提升及生物的多样性保护。上海因水而生、依水而兴，黄浦江和苏州河对上海有着非凡的意义。苏州河已经完成了历时近四十年的治理，从黑色浑浊到澄澈透明，其重生的治理经验是上海对美好环境最淳朴的愿景，对城市文化最真切的珍视。在人民城市重要理念的指引下，上海进一步下发实行

---

① 《马克思恩格斯文集》第 9 卷，人民出版社 2009 年版，第 560 页。

了《上海市"一江一河"发展"十四五"规划》相关情况，指出要坚持以生态为基，以高品质公共空间为引领，推动深度开发，优化功能布局，培育核心产业，打造城市地标，努力将黄浦江沿岸打造成为彰显上海城市核心竞争力的黄金水岸和具有国际影响力的世界级会客厅，将苏州河沿岸打造成为宜居、宜业、宜游、宜乐的现代生活示范水岸，真正实现"工业锈带"向"生活秀带"的转变，将"一江一河滨水地区"打造成为人民共建、共享、共治的世界级滨水区。

人民城市中生态建设的主体包含全体居民的共同参与，在生产生态空间的同时培养"生态人"。人民城市中生态文明的建设需政府、企业、个人多元主体参与，在区域、产业和社会等多个层面展开，人民城市的生态建设从根本上为了人民，也需要每一个人民的参与，个人的自觉行动是生态文明的根本动力，也是人民城市在生态建设维度最终的价值旨归。个人在生态自觉机制的建立过程也是其个性全面自由发展、个人价值观念体系重塑的过程，需给予足够重视，从经济理性支配下的居民向生态理性引导下的居民转化，是人民城市在生态建设过程中需起到的对人的生产的功能效用。2021 年已是《上海市生活垃圾管理条例》正式实施的第三年，但其真正推进垃圾分类的起点并非是 2019 年 7 月，而是经历了一个漫长的过程。如 2011 年，上海便已经在向居民展示"百万家庭低碳行，垃圾分类要先行"等宣传标语，通过艰难实践，"定时定点"最终成为推广垃圾分类初期最有效的管理方法之一。比起上海市绿化和市容管理局每年会公布的居民区生活垃圾分类达标率，更重要的是上海作为一个先行示范性城市对生活在其中的居民生态意识的培养，及个体在培养完成后能够对其他人起到的辐射引领作用。"生态人"培养机制的形成将是一座城市乃至全国社会范围内推进生态建设的微观基础，而城市中生态文明建设的推进最终哺育的也是人自身及其子孙后代的生存与发展。

三、城市空间正义理论与人民城市的空间布局

空间是非抽象的特定场所，是"行为的场所，也是行为的基础"①。虽然没有专门论述空间生产的专著，但空间仍是马克思主义创始人理解资本主义的中轴，并极大地影响着后世有关空间正义的研究。其对空间生产的考察立足于工业革命发生后的资本主义社会现实，大工业进程将空间变为了生产要素，使物质资料生产、社会关系生产及文化生产等都发生了结构性的空间重组。城市空间正义是空间生产的价值轴心，正义即意味着对存在于空间资源配置领域中公民空间权益的社会公平和公正，包含对空间资源和空间产品的生产、交换、消费、占有等过程的正义。城市空间正义论同样应该作为当代马克思主义需要面对的理论及实践问题。一方面，当今对资本主义展开空间批判仍具有现实意义；另一方面，马克思恩格斯在生产方式理论框架内对资本主义空间正义问题的剖析对当今中国城市化进程具有重要的规范与指导意义，是构建人民城市和谐空间的重要理论借鉴。基于马克思主义的城市空间正义论，人民城市建设需在尽力消弭现有的基于资本逻辑的城市内部空间非正义的基础上，促进城市空间生产、分配及价值层面上正义的空间布局，使得在人民城市中的空间生产活

① ［美］迪尔：《后现代都市状况》，李小科等译，上海教育出版社 2004 年版，第70 页。

动都能够从对主体的终极关怀出发，最终形成符合人民主体精神的空间形态与空间关系。

（一）基于资本逻辑的城市内部空间非正义

在资本逻辑的主导下，商品生产者试图将生产扩展至任何具有潜在利润的空间，并伺机将空间生产作为商品一并推入流通环节。空间作为商品进入流通领域的过程，也是空间资本化的诞生过程，空间的生产、分配、流通及消费完全按照资本市场规律进行，最终呈现出作为商品的空间形象，如地租及土地买卖等，进而作为起点导致了城市空间的非正义。马克思恩格斯展开空间研究的背景，是"资本的全球化对全球社会空间产生了深远影响，它使全球社会空间呈现出同质性和断裂性的双重特征，'同质性'建构了资本在全球空间的权力场域，而'断裂性'则导致了对落后民族和国家的空间剥夺"[①]。此种非正义的空间秩序引起了马克思与恩格斯的注意，引起了他们的强烈批判。与之相对，在他们的视角下，空间正义就是在城市的规划过程中，充分考虑资本利润以外的因素，充分理解城市社会空间中多数人的生存问题，即诉诸资本主义的生产方式，意识到城市空间的过度资本支配并超越资本主义本身。

对于资本积累在城市造成的碎片化及空间剥夺、空间隔离、空间极化等非正义现象，马克思主义创始人在批判的同时也观察到了其进步意义，生产要素在资本主义城市空间大规模集聚，形成强大生产

---

① 李春敏：《资本积累的全球化与空间的生产》，《教学与研究》2010 年第 6 期。

力，工人阶级也从以往的封闭环境中摆脱出来，获得了发展的机会，最重要的是，城市社会空间为人类提供了眼见丰富社会生活，建立全面社会关系的可能，唤醒了人的解放意识，"不再在思想、感情和意志表达方面也成为资产阶级的奴隶。而在这里起主要作用的是大工业和大城市"①。资本主义生产方式基础上，奴隶制是马克思眼中的非正义："生产当事人之间进行的交易的正义性在于：这种交易是从生产关系中作为自然结果产生出来的……只要与生产方式相适应，相一致，就是正义的；只要与生产方式相矛盾，就是非正义的。在资本主义生产方式的基础上，奴隶制是非正义的；在商品质量上弄虚作假也是非正义的。"② 生产方式是马克思主义创始人衡量正义与否的标准，也因此成为其通往正义的路径。作为价值和实施批判的统一，城市的空间正义必须通过生产方式的革命性变革实现。从历史唯物主义的视域来看，空间正义的主体应是感性活动的人，对象是生产与再生产过程中的空间资源和空间权利，基本价值目标即为服务于整个社会的公平正义，最终实现每个人自由而全面的发展。

在马克思主义创始人的设想中，只有在"随着个人的全面发展，他们的生产力也增长起来，而集体财富的一切源泉都充分涌流之后，——只有在那个时候，才能完全超出资产阶级权利的狭隘眼界，社会才能在自己的旗帜上写上：各尽所能，按需分配"③。也只有在这样的前提下，能够真正打破空间非正义的问题，达到人和空间关系的统一。在生产力还未能够充分涌流的时机，人民城市重要理念是新

① 《马克思恩格斯文集》第 1 卷，人民出版社 2009 年版，第 437 页。
② 《马克思恩格斯文集》第 7 卷，人民出版社 2009 年版，第 379 页。
③ 《马克思恩格斯文集》第 3 卷，人民出版社 2009 年版，第 436 页。

时代根植于中国土壤的马克思主义现代城市观阶段性创新，其背后的理论逻辑是致力于消弭资本逻辑下已有的副作用。人民城市的理论出场是从大方向上对城市空间非正义的拨乱反正，一方面，将老百姓满意不满意、生活方便不方便、城市管理和服务状况作为城市工作做得好不好的重要评判标准是对资本逻辑从源头上的否定与摒弃；另一方面，继承与发展了马克思主义将生产方式作为衡量正义与否标准的思想，人民城市在建设过程中始终坚持制度规范建设的导向，在保障发展的同时限制资本向空间生产领域的过度集中，在城市规划过程中加入政府的有效监管，将资本逻辑限制在有限的范围之内。

（二）分配空间正义

分配空间正义建立在马克思与恩格斯在资本主义制度下对空间剥削问题的批判上，"正义源于经济关系并受其制约，这是马克思对分配正义的最直接表述。马克思认为，分配空间正义问题的产生与资本主义大工业生产紧密联系，空间分配非正义最重要的表现是'用现代化的大工业城市来代替从前自然成长的城市'"①。在现代化大工业城市生产出自身的过程中，也生产出了相互对抗的生产者和利润攫取者，社会生产无政府状态导致的生产社会化和产品占有私人化之间的矛盾必然导向分配的非正义，这种非正义不仅仅体现在财富分配领域，也体现在城市空间的分配过程中。

在马克思恩格斯举出的例证中，表现明显的是住宅建造与规划与

---

① 郝曦滢：《马克思空间正义思想及其当代价值》，《理论探索》2018 年第 3 期。

主体要求的不一致，及居住空间的不合理规划与发展，他们观察到城市在生产出文明的同时生产出贫困，也生产出空间等级，及分配的非正义。工业生产的不稳定周期性波动是导致居住短缺的决定性因素，当农业工人由于大工业的发展涌进城市，"最污秽的猪圈也能经常找到租赁者"①。同时，在资本参与进城市居住空间格局重构的过程中，马克思恩格斯考察到了资本主义工业城市中鲜明的空间隔离："纯粹的工人区，像一条平均一英里半宽的带子把商业区围绕起来。在这个带形地区外面，住着高等的和中等的资产阶级。中等的资产阶级住在离工人区不远的整齐的街道上……高等的资产阶级住在郊外房屋或别墅里，或者住在空气流通的高地上，在新鲜的对健康有益的乡村空气里，在华丽舒适的住宅里。"②恩格斯所考察到的西方城市化进程中的住宅缺乏现象，在中国的城市中也存在着，如当前城镇居民住房权的实现主要通过商品住房买卖、保障性住房等方式实现，而由于我国房价调控与住房保障制度均有待进一步完善，城市民众的居住空间面临一定程度的匮乏，与居住空间匮乏相伴的还有宜居环境及交通空间的匮乏等。在马克思主义现代城市观视域下的空间生产过程中，"无产阶级平等要求的实际内容都是消灭阶级的要求。任何超出这个范围的平等要求，都必然要流于荒谬"③，落到对城市空间的分配正义问题上，便是对人人享有平等的空间权利，人人享有平等的空间机会及人人享有平等的空间结果的三重内在要求。

---

① 《马克思恩格斯文集》第3卷，人民出版社2009年版，第276页。
② ［德］海因里希·格姆科夫：《恩格斯传》，易廷镇译，人民出版社2000年版，第219页。
③ 《马克思恩格斯文集》第9卷，人民出版社2009年版，第113页。

　　同样以住房这一基本民生为例，在"五个人人"价值目标的引领下，上海最新提出，要在"十四五"期间计划新建筹措保障性租赁住房47万套间以上，达到同期新增住房供应总量的40%以上。上海市住建委主任姚凯表示，"上海将大力发展保障性租赁住房，既帮助解决新市民、青年人的居住问题，又为环卫工人、快递小哥等一线劳动者提供'一间房'和'一张床'的供应"①。这标志着人民城市重要理念引领下对分配空间正义的回归。分配空间的正义规划是对空间生产主体的利益冲突的协调，也为空间生产的高效提供主体条件和伦理支撑，为空间生产状态提供活力源泉。

（三）价值空间正义

　　城市空间的发展变化与人的发展是辩证统一的，人生产出城市的空间，其解放也依托于城市空间的不断优化过程，追求城市价值空间正义的过程，同时也是在城市发展演变过程中实现人全面而自由发展的过程。城市空间正义不仅仅表现为生存论方面的问题，还表现在城市主体对公平正义、诚实守信、和谐共生等共同社会价值观念的主动认同与传递方面。从价值领域对城市空间正义论进行审视，可以概括出当绝大多数城市景观的规划与建设都以追求金钱收益作为目标，获得"同质化"的外在表征；当城市空间分配依据个人对生产资料的占有，获得"碎片化"的外在表征时，价值空间的非正义就不显得那么殊异。当每一寸城市空间都已经是资本化的商品，那生存在其中

---

　　① 《人民城市的"上海样本"：将"人民至上"刻进城市肌理》，《澎湃》2021年11月26日。

的个体自然也逃不过资本的经济罗网。最终，城市居住空间分配的极端非正义加速了作为主体人的异化，在追逐私人利益的过程中，空间被分割成碎片，生活在其中的人互相无法真正地接触到彼此："人类分散成各个分子，每一个分子都有自己的特殊生活原则，都有自己的特殊目的，这种一盘散沙的世界在这里是发展到顶点了。"① 这样的状况长久以来也使得资本对空间的认识同化了人对空间的经济理性或工具理性化的认识：人们"愈是聚集在一个小小的空间里，每一个人在追逐私人利益时的这种可怕的冷淡、这种不近人情的孤僻就愈是使人难堪，愈是可恨……这些特点在任何一个地方也不像在这里，在这个大城市的纷扰里表现得这样露骨，这样无耻，这样被人们有意识地运用着"②。城市是孕育价值的空间，也是受价值反作用起到指引作用的空间，马克思价值空间正义的核心内容即通过对资本主义生产方式的消灭来消灭"人化的资本"形式，改变对空间占有和使用方式的认识，认识到空间真正的作用，获得统一和谐的社会价值观念，通过为人民争取空间的支配权和发展权实现人的自由与平等的权利，达到提高人尊严和地位的价值目的。

罗尔斯指出："正义是社会制度的首要价值……每个人都拥有一种基于正义的不可侵犯性，这种不可侵犯性即使以社会整体的利益之名也不能逾越。"③ 人民城市重要理念提出的"五个人人"，即"人人都有人生出彩机会、人人都能有序参与治理、人人都能享有品质生

---

① 《马克思恩格斯全集》第 2 卷，人民出版社 1957 年版，第 304 页。
② 《马克思恩格斯全集》第 2 卷，人民出版社 1957 年版，第 304 页。
③ ［美］约翰·罗尔斯：《正义论》，何怀宏等译，中国社会科学出版社 1988 年版，第 1 页。

活、人人都能切实感受温度、人人都能拥有归属认同"。其背后是对城市因人而生，因人而兴的根本认识，深刻回答了人民城市发展依靠谁、为了谁，建设什么样的城市、怎样建设城市的重大命题，是在强化人本价值的基础上对城市空间正义论的继承与发展。在价值空间正义的视角下，空间建立的目的应是满足人的生存和发展需要，并在此基础上满足人精神上的追求，认识并改变空间支配和占有的不平等，让空间发展多样化与融合发展并行，其本质是构建以人的发展为根本发展动力的空间。

需要补充的是，许多学术研究认为，马克思主义经典作家未能够阐释空间的重要作用，而空间正义的出场最初也是列斐伏尔最先提出的。但事实上，虽未能够形成专门的理论著作，但马克思与恩格斯在资本主义空间的研究中完成了空间正义的"在场"，其理论最大的贡献就在于提供了可供研究的出发点及方法，并能够以此为脉络寻找到生产空间正义的完整理论分析。其一，马克思主义创始人对资本主义社会非正义的批判涵盖了空间非正义的批判。"'空间'在马克思那里被历史性地扬弃了牛顿'绝对空间'与康德'先验空间'的抽象形式获得了政治经济学的具体内容，它构成了由资本主义所开启的现代化历史进程中城乡关系、阶级关系以及东西方关系的具体表征。马克思对资本主义的批判性分析是以城市—空间为背景展开的……事实上，从列宁、卢森堡到列斐伏尔等西方马克思主义者，马克思主义谱系中的城市—空间分析从未停止过。"[①] 在其视角下，资本主义工业生产在导致异化的同时也导致了严峻的空间危机，打破了前资本主义

---

① 袁蓓：《从"资本逻辑"到"人本逻辑"——新时代马克思主义城市—空间研究范式的变革与中国实践》，《长白学刊》2020 年第 2 期。

时代的空间结构，导致了空间的从属问题，引出了空间正义研究的根本起点。其二，马克思对社会正义的论述中也涵盖了对空间正义的伸张。空间正义是社会正义的内在要求，只有社会化生产能够真正突破空间局限、碎片化的局面，为人带来真正的空间正义的复归。也因此，对空间正义的追求成为新时代条件下人民城市重要理念的落脚点。

四、城市功能理论与人民城市的功能设计

城市功能，即城市在国家和地区范围内的社会经济生活中所发挥的作用，代表着一座城市内在的本质属性及外在的精神风貌。在马克思主义现代城市观视域下，城市功能从单纯的军事和政治功能到 18世纪的工业革命开始发生从宗教功能、政治功能乃至经济功能的革命性转变，直至今日，"城市的职能趋于多样化，它不仅是工业生产中心、科技技术中心，而且是商业中心、金融中心、文化中心和行政中心"①。城市功能规划科学背后代表的是对城市内部不同功能及空间安排的统筹规划，在生产、居住、交通、商业等功能综合作用的城市空间寻求理论上的最优平衡："我们承认系统内部诸要素的相互作用，并不意味着各种要素的作用是无所谓轻重主次的。"② 找准城市的功能定位是重要的发展着力点。北约总部所在地布鲁塞尔的功能定位为"欧洲之都"，印度的班加罗尔找到了"亚洲硅谷"的定位，目

---

① 向德平：《城市社会学》，武汉大学出版社 2002 年版，第 50 页。
② 杨信礼：《发展哲学引论》，陕西人民出版社 2001 年版，第 137 页。

前中国具有比较明确城市定位的城市则如北京的作为首都最核心的政治功能，河北雄安的疏解首都牛鼻子功能及上海作为国际金融中心的功能等。科学的城市功能定位离不开对自身区位条件的合理评估和对外部环境的理性判断。面对目前我国大部分城市发展规划存在的无差别、同质化及西方化、模板化现象，人民城市重要理念面向未来发展目标，试图从马克思主义现代城市观出发，在剖析和批判资本主义生产方式的基础上，对西方现代化进程影响下中国当代城市建设和发展走向起到正向引领作用，其背后的理论厘定对于在中国特色社会主义建设过程中实现和谐且正义的人民城市定位及其发展具有重要意义。

（一）生产空间、生活空间及生态空间的功能平衡

资本主义现代工业城市由于资本积累的现实需要，从诞生之初便承担了物质生产与人的生活的双重功能。城市空间中生产物的部分和居住人的部分共同运作，构成完整的城市社会，生产空间为生活空间提供必要的生活资料，并依据生活空间产生的现实要求进行变革与完善；生活空间则作为生产空间发展的目的和动力而存在，二者紧密联系，不能分割。但在马克思主义现代城市观的视域下，最初工业城市的生产空间功能只为少部分资本家或工厂主的生活空间功能服务，且由于资本扩张的需要，城市生产空间不断挤压生活空间的发展可能，两者功能在无序的发展下愈发失衡。在人民城市现实出场的理论内涵及未来的功能设计中，需要首先考虑的正是城市中生产空间与生活空间的有机统一，需在中国特色社会主义的理论创新与先行实践下，依靠广大人民群众的力量，使城市真正完成"属民""为民"

的现实回归。

工业化是现代城市形成和发展的根本动力，也因此成为城市最初发展的支配力量。在工业革命的进程中，人们并未考虑到城市的生活空间功能，而将其看作是工业的集散地。在此前提下，一部分资本家、工厂主预留出少部分用以居住的街道或迁至郊区生活，将城市的大部分地区用以物的生产，并将能够住下尽可能多的人口并节约其生活成本作为规划城市地皮的唯一标准。一方面，对于城市中资本家、工厂主居住的土地，恩格斯使用了清新、新鲜、清澈、绿树等词语，相反地，对于占大多数人口的工人，他们的居住环境却是肮脏的、坑坑洼洼的、令人窒息的。另一方面，当时出现了资本家专门为工人修建的背对背住宅，只有前门、前窗，不在乎光照时间、空气流通，制造出一种表面干净繁华的表象："业主们宁愿要这种建筑方式，因为它既节省地面，又能使他们能够通过第一排和第三排小宅子的较高租金来更顺利地掠夺工资比较多的工人。"① 曾经中国的城市规划建设中，也经历过一段时间对经济效益的过分强调，为了追求阶段性的效益增长而忽视居住在其中的人的现实需求，盲目扩大生产数量而罔顾对生态的破坏，在资本塑造城市空间形态的过程中，生产空间与生活空间的功能设计发生了颠倒。同时，生态也是马克思主义城市观视野下重要的批判向度，良好的生态空间是使整个城市空间持续存在和发展的重要资源，在三者的关联中，生产空间和生活空间都受制于生态空间的运行机制，需要遵循后者的发展规律。以马克思主义现代城市观为理论依据，以中国的城市建设为实践经验，人民城市重要理念将

① 《马克思恩格斯全集》第 2 卷，人民出版社 1957 年版，第 338 页。

"三生""四宜"作为城市功能规划的基本遵循。首先，以生活空间为目的并不意味着放弃对生产空间的建设："增强中心城市和城市群等经济发展区域优势的经济和人口承载能力，这是符合客观规律的。同时，城市发展不能只考虑规模经济效益，必须把生态和安全放在更为突出的位置，统筹城市布局的经济需要、生活需要、生态需要、安全需要。"但同时，我们需在生态空间的运行机制和发展规律下，以生活空间作为发展动力及根本目的进行人民城市的功能设计："无论是城市规划还是城市建设，无论是新城区建设还是老城区改造，都要坚持以人民为中心，聚焦人民群众的需求，合理安排生产、生活、生态空间，走内涵式、集约型、绿色化的高质量发展路子，努力创造宜业、宜居、宜乐、宜游的良好环境，让人民有更多获得感，为人民创造更加幸福的美好生活。"① 在新时代建设人民城市的过程中，对生产、生活、生态三大布局的统筹，生产空间集约高效、生活空间宜居适度、生态空间的山清水秀是对于中国特色社会主义现代化的人民城市发展之路功能设计的原则性要求。

（二）传统空间与现代空间的功能平衡

工业革命是城市发展史中进入资本主义现代工业城市的划分依据，也因此，现代城市必然是传统空间与现代空间的结合，在规划过程中面临保留和更新的两难抉择。传统空间功能意指在城市发展过程中对传统文化多样表达形式的传承，进入现代工业城市发展阶段后，

---

① 习近平：《城市是人民的城市，人民城市为人民》，《人民日报（海外版）》2019年11月4日。

马恩始终高度重视传统文化在城市发展中的重要作用："在柏林这样的城市里，一个外国人如果不参观这个城市的全部名胜古迹，那么对他自己、对欣赏能力都是真正的犯罪。"① 或直接外化于一座城市的建筑类型和分区设计，或表现在城市居民的言行举止中，传统文化始终是一座城市内在品质的外在表达与生命力是否能够得以延续的关键点。一座城市的文化发展通常能够展现其经济、政治、社会等方面的综合发展程度，甚至领先于其他方面的发展并起到引导作用，是生活在城市中的居民的创造性生命表达。城市传统文化是否能够得到传承也是个人通往自由而全面发展道路程度的判断依据："每个人都有充分的闲暇时间去获得历史上遗留下来的文化——科学、艺术、社交方式等等——中一切真正有价值的东西。"② 曾经在资本逻辑下运作的城市传统空间与现代空间的功能设计存在巨大问题，"资本对城市空间的意识形态全面渗透，拆分文化发展承袭的历史逻辑，造成了文化内容上的去中心化和碎片化，混淆了文化空间的普遍性与差异性，导致城市建筑的样式、布局、装饰、色调等呈现单调样态，缺乏历史承载，丧失艺术美感"③。在中国，这些问题主要体现在"西方化"与"同质化"两个方面，而这两个方面都能够在传统空间与现代空间的功能平衡设计上找到应对方案。一方面，对传统空间的弘扬并不意味着对现代空间功能的放弃，"周虽旧邦，其命维新"，旧邦新命，是现代中国的特点。自历史变为世界历史以来，迈向现代成为城市的必

---

① 《马克思恩格斯全集》第 2 卷，人民出版社 2005 年版，第 424 页。
② 《马克思恩格斯文集》第 3 卷，人民出版社 2009 年版，第 258 页。
③ 沈江平：《恩格斯关于城市功能的研究及其当代启示》，《马克思主义研究》2021 年第 4 期。

然命运，向西方合理城市主张的学习和运用使现代城市空间获得如向集约型、智慧型转变的宝贵经验。另一方面，文化是民族的，也是城市的命脉。传统文化是城市真正吸引居住在其中的人的根与所在，而如何发挥传统空间在现代城市建设过程中的涵养作用是摆在城市治理者面前的重大课题。

人民城市重要理念背后包含对文化传统的坚守和城市精神的提炼，也是对曾经生活在城市中人民生活痕迹和精神升华的继承和保护。让中国的各座城市在不同的时代背景下仍然葆有特色的文化精神和文化环境，让地域个性在文化产业的发展中占据重要指导地位是人民城市的发展目标，正如习近平总书记在上海考察时所强调的："城市历史文化遗存是前人智慧的积淀，是城市内涵、品质、特色的重要标志。要妥善处理好保护和发展的关系，注重延续城市历史文脉，像对待'老人'一样尊重和善待城市中的老建筑，保留城市历史文化记忆，让人们记得住历史、记得住乡愁，坚定文化自信，增强家国情怀。"① 中华民族五千年文明绵延不断，城市文化如红色文化、古都文化、水乡文化、山水文化、草原文化等均能够作为传统空间功能挖掘的发力点。在人民城市的建设过程中，上海对于传统文化的传承具有借鉴和学习意义。作为中共一大的召开地，上海将红色传统文化传承弘扬工程纳入民心工程之列，2016 年以来投入资金，使得 18 处原先消失的革命遗址纪念场馆重现生机、建成开放。其将丰富的红色传统文化作为人民城市建设的精神导引、文化标识和丰富养分，让红色血液能够流淌在城市躯体之中，让红色基因赓续能够激励人们牢记初

---

① 《习近平谈城市建设与发展》，《中国青年报》2021 年 5 月 8 日。

心使命，在全面建设社会主义现代化国家、实现中华民族伟大复兴的征程中奋楫争先。北京中轴线上对传统建筑的保留同样体现出在人民城市发展理念下的规划智慧，而在意识到这些建筑是中华民族文化底蕴、建筑艺术和哲学思想载体的基础上，实现传统空间与现代空间的有机统一，让这些载体在新时代对人民起到更好的精神引领的作用，让每一座城市中的人民能够从现代空间的发展中对传统空间产生归属感，并转化为参与城市建设发展的内生动力将是人民城市重要理念的底气所在。

（三）城市空间与乡村空间的功能平衡

在马恩对城市的阐释中，资本对城市进行了历史性重构，其所带来的变化也具有两面性。如伦敦、巴黎、曼彻斯特等具有代表性的工业城市在大历史观下具有积极的进步意义，它们高楼林立、交通发达、商业繁荣，并且已经形成了能够依据生活在其中的人们的需要调整城市功能的有机综合体，一定程度上在历史必然的进程中探索出了人类生存的理想路径。但同时，这些城市的产生伴随着城乡发展的巨大差距，也不可避免地伴随着对城市价值空间功能的忽视。正是在对这些发展迅猛城市的现实考察中，马恩认识到，城市不应该是无价值、无目的、无秩序的生发产物，正是任由其在资本逻辑的带领下发挥城市功能导致的阶级冲突、城乡发展差距等，成为了马克思恩格斯开始探索城市中现实变革的起点，并将城市空间与乡村空间的有机融合作为发展的终点。

事实上，城乡二元对立的结构具有历史阶段性，其存在的历史前提是对整个资本主义社会不平衡资源分配与发展的空间反映。"城市和乡村的分离……是仅仅以劳动和交换为基础的所有制的开始。"① 随着农民进入城市后变为工人的身份角色转换，乡村被一同卷入了阶级斗争的历史舞台，换言之，城乡对立的实质便在于城市的资产阶级从经济、政治等各个方面对乡村工人阶级的利用。生产力发展、分工、分配等不平衡得到了城乡不平衡的新表现形式。摆脱城乡差别是消除人片面发展的需要："人们只有在消除城乡对立后才能从他们以往历史所铸造的枷锁中完全解放出来。"② 城乡发展的不平衡同样是中国城市化建设过程中面临的重要问题，在马克思恩格斯指出只有共产主义社会才能实现真正城乡融合愿景的指引下，在以城市作为主要研究对象的基础上，人民城市重要理念同样蕴含着对郊区乡村发展的现实观照，先行指引着城市空间与乡村空间的功能平衡，希望能够在阶段性缩小城市与乡村居民个人收入、医疗卫生、生态环境、文化教育、娱乐设施和社会服务等方面差距的基础上实现城市空间和乡村空间的共同协调发展。

我们要看到，在现代城市发展过程中，城市和周边郊区乡村往往具有共生关系。郊区乡村具有城市核心功能重要承载地和城市核心竞争力战略空间的重要意义，城市也在资金、技术、社会意识等方面为乡村起到模板与推动作用。为平衡城市空间与乡村空间的功能，需结合中国城市建设发展的实践对马克思主义现代城市观中所没有提及的发展阶段进行理论创新。上海市领导曾在调研上海嘉定区乡村振兴工作的过程中强调指出，人民城市重要理念确立了"五个人人"的努

---

① 《马克思恩格斯文集》第 1 卷，人民出版社 2009 年版，第 557 页。
② 《马克思恩格斯文集》第 3 卷，人民出版社 2009 年版，第 326 页。

力方向，广大郊区人民是建设者、参与者，也是受益者，共享者。要积极探索创新，走出一条与上海超大城市功能定位相匹配的乡村振兴新路子，为乡村振兴注入新动能。城市空间功能与乡村空间功能是相辅相成的，而人民城市重要理念中的"五个人人"正是连接上海郊区与城市，减少发展差距的重要价值遵循与理论创新。以人民城市重要理念为指引，需避免对乡村地区简单利用的理解，让其在发挥对城市基础性保障作用的同时也能够获得自身更多的发展机会，能够借鉴人民城市的发展经验，最终使郊区和乡村地区在保持自身特色的基础上循序渐进地找到自己的城镇化发展道路，实现城市空间和乡村空间的功能平衡，为中国城市化建设开辟新路。

第 三 章

人民城市理念在新中国的
历史实践及其现代建构

与发达西方资本主义国家所走过的现代化发展道路相比，中国社会并不是单线从工业化走向城市化的，而是在从农业社会走向工业社会的转型过程中跳跃式地进入了城市化。"我国五千多年的悠久文明，城市是一个主要载体……我们要借鉴国外城市建筑有益的经验，但不能丢掉了中国优秀传统文化。"① "人民城市人民建，人民城市为人民"是习近平总书记在上海考察时提出的重要理念。这一重要理念既是对新中国 70 多年城市建设实践的理论升华，也是面向新时代打造社会主义国家城市新模式的现代建构。

一、社会主义革命和建设时期的城市建设

1949 年随着解放战争的胜利，我国从新民主主义革命时期转向社会主义革命和建设时期，党的工作重心由乡村转移到了城市，如何接管满目疮痍的旧城市，并且按照社会主义面貌进行改造和建设，成

---

① 《十八大以来重要文献选编》（下），中央文献出版社 2018 年版，第 87 页。

为中国共产党人面临的头等大事。

（一）城市建设的短暂发展期（1949—1957 年）：三年国民经济恢复期和"一五"计划时期党的城市建设思想及其实践

在中国人民解放战争即将取得全国胜利的前夕，中国共产党于 1949 年 3 月召开了七届二中全会，正式确定将党的工作重心由乡村转移到城市。毛泽东在会议的政治报告中指出："党和军队的工作重心必须放在城市，必须用极大的努力去学会管理城市和建设城市。"[①] 但是如何建设城市，做好城市工作？城市工作的中心任务是什么？这是中国共产党进城后面临的一个全新课题。党的七届二中全会前，党内许多干部对这一问题并不明确，忙于发布文告或者救济城市失业人群和贫民，但这并不能从根本上改善城市人民生活。对此，党的七届二中全会正式把恢复和发展生产作为城市工作的中心任务。毛泽东在此次会议的报告中指出："从我们接管城市的第一天起，我们的眼睛就要向着这个城市的生产事业的恢复和发展。"[②] "如果我们在生产工作上无知，不能很快地学会生产工作，不能使生产事业尽可能迅速地恢复和发展，获得确实的成绩，首先使工人生活有所改善，并使一般人民的生活有所改善，那我们就不能维持政权，我们就会站不住脚，我们就会要失败。"[③] 可见，城市的生产建设不仅

---

① 《建党以来重要文献选编（1921—1949）》第 26 册，中央文献出版社 2011 年版，第 160 页。

② 《建党以来重要文献选编（1921—1949）》第 26 册，中央文献出版社 2011 年版，第 204 页。

③ 《建党以来重要文献选编（1921—1949）》第 26 册，中央文献出版社 2011 年版，第 161—162 页。

关乎人民生活状况的实际改善与否，更关乎党的新政权的巩固和稳定与否。

毛泽东关于恢复和发展生产的指示，充分体现了以保护和发展生产力为中心的基本原则，并贯穿于这一时期为城市工作制定的每一项具体政策措施之中。第一，依靠工人阶级发展城市生产。产业工人作为先进生产力的代表，是恢复和发展城市工作的主要依靠力量。当时党内有人认为不是依靠工人阶级，而是依靠城市贫民，甚至是民族资产阶级。毛泽东对这些错误认识进行了批评，强调城市工作必须全心全意地依靠工人阶级。刘少奇在《关于城市工作的几个问题》一文中指出："马克思主义认为，工人阶级是最可靠的。这是一般说的。具体地说，则还有问题，因此，我们必须努力工作，使工人阶级完全可靠。如我们疏忽，不做工作就去依靠，那是靠不住的。"① 也就是说，在城市工作上，党必须既要依靠工人，又要教育工人。在指导思想上，党必须全心全意依靠工人阶级，在实际工作上，则要认真广泛地教育工人，组织工人，提高工人的思想水平和实际工作能力，使之真正成为城市工作的主力军。第二，保护和发展私营工商业。在城市中，私人资本所经营的现代化工业，虽然是非社会主义性质的，但是却是恢复城市生产的重要依托力量。只要在国家经济政策允许的范围内，就允许它们存在和发展，并引导它们向有利于国计民生的方向发展，这样则对于城市生产的恢复和发展是一种有利因素。毛泽东指出："中国经济现在还处在落后状态，在革命胜利以后一个相当长的时期内，还需要尽可能地利用城乡私人资本主义的积极性，以利于国

① 《建党以来重要文献选编（1921—1949）》第 26 册，中央文献出版社 2011 年版，第 174 页。

民经济的向前发展。"① 为此，党中央出台了一系列保护工商业的具体政策。例如，针对如何处理国营工业和私营工业的关系问题，如何处理工人阶级和民族资产阶级之间的关系问题，制定了"公私兼顾、劳资两利"的工商业政策。随后，毛泽东在中共中央华北局召开的一次干部会议上，集中讲了"四面八方"的政策，即处理好四面八方的关系，实行公私兼顾、劳资两利、城乡互助、内外交流的政策。在这一政策的指导下，各城市初步正确地协调好较为复杂的公私关系和劳资关系，使私营工商业得到了较快发展。

进行城市工作的政治前提是城市政权的建立，毛泽东及其领导的党中央对城市行政管理的认识有一个在实践中不断深化的过程。新中国成立之初，为了迅速恢复社会秩序，本着集中高效的原则，要求集中城市政权，减少行政层级。从北京、天津开始，各城市开始撤销区以下组织，建立区公所，在城市设立单级市政府政权管理城市。这在当时具有一定的合理性，但是具体到实践中却出现了很多问题。解放之初工作繁多，需要层层推动至最基层社会，而简化至市级政府的城市政权体制，不仅无法走进基层，一般工作的开展都很难进行。毛泽东及其领导的党中央很快发现这种行政设置在实践中是行不通的，于是迅速调整策略。上海市率先提出建立区政府，随后，1950 年 11 月，中央政务院颁布《大城市人民政府组织通则》，确认设立区一级政权机关。随着实际工作开展的需要，1954 年《城市街道办事处组织条例》出台，标志着街一级政权得以设立。至

---

① 《建党以来重要文献选编（1921—1949）》第 26 册，中央文献出版社 2011 年版，第 164 页。

此，市、区、街道三级行政政权得以最终确立，形成了新中国城市政权的行政管理层级，为以后的城市布局和相关工作的开展奠定了行政基础。

自 1953 年开始，我国开始了以重工业建设为主的"一五"计划，城市建设工作也随之全面开展。1954 年 6 月，全国第一次城市建设会议明确提出"城市建设必须为国家社会主义工业化、为生产、为劳动人民服务"①。这一时期的城市建设主要是为工业化服务的，致力于建设"生产型城市"。1954 年 8 月 11 日《人民日报》发表社论《贯彻重点建设城市的方针》，社论指出城市所赖以发展的基础可能是工业、运输业、文化教育事业等，但是最重要，也是最基本的还是工业。只有工业发展了，才能带动交通运输业、卫生疗养事业等其他产业的发展。"因此，社会主义城市的建设和发展，必然要从属于社会主义工业的建设和发展。"② 围绕工业区划、工业结构等进行城市规划和城市建设是这一时期城市工作的主要特征，如重工业城市（鞍山、包头等）、复合型城市（上海、武汉等）、资源型城市（大庆、本溪等）等。在工业化的带动下，我国城市化速度明显加快。据相关资料统计，"一五"计划期间，全国共设建制市 177 个，城镇人口达 9949 万，城市化水平达到 15.4%。这一时期我国的城市规划和城市建设与工业建设同步推进，有机配合，城市建设得到了短暂发展。

---

① 邹德慈等：《新中国城市规划发展史研究——总报告及大事记》，中国建筑工业出版社 2014 年版，第 97 页。

② 《建国以来重要文献选编》第 5 册，中央文献出版社 1993 年版，第 439—440 页。

（二）城市建设的波动期（1958—1965年）："二五"及"三线建设"时期党的城市规划建设思想及其实践

1958年，我国进入了第二个五年计划的执行期，在"鼓足干劲，力争上游，多快好省地建设社会主义"总路线的指导下，全国掀起了声势浩大的"大跃进"运动，城市建设相应进入"白热化"阶段。这一时期，城市的功能主要还是配合工业建设，"用城市建设的大跃进来适应工业建设的大跃进"①。大跃进时期的城市发展，主要不是城市数量的扩张，而是基于工业企业大量出现导致的城市规模的扩大，主要体现为城市人口激增。1958年，全国对国营企业的投资高达386亿元，几乎是1957年的两倍，1958年至1960年这三年的大中型建设工程开工总数分别为1587项、1361项、1815项，超过"一五"时期大中型工程的总数（1384项）。工业投资和大型工程建设的高速增长，需要大量劳动力，于是大批农村劳动人口涌入城市。仅在1958年，国营企事业单位的职工人数增加了近2100万，和1957年相比增长85%。1960年底，国营企事业单位的职工人数达到创纪录的5044万，是1957年的两倍还多②。西方学者指出："在1958年至1959年中估计有2000万农民成为新的城市居民，迅速扩大的内地新工业城市进人尤多，产生了人口密集和城市资源严重紧

---

① 邹德慈等：《新中国城市规划发展史研究——总报告及大事记》，中国建筑工业出版社2014年版，第136页。

② ［美］费正清、罗德里克·麦克法夸尔主编：《剑桥中华人民共和国史（1949—1965）》，谢亮生等译，中国社会科学出版社1990年版，第388页。

张的问题。"① 城市人口的急剧增加导致城市粮食、住房、公共设施等资源供应紧张，社会秩序也出现混乱局面。城市人口激增，农村人口减少，再加上自然灾害的影响，农业生产和城市供应都出现了困难，现有的农业和工业根本无法满足急速城市化的要求。

为了缓解城市压力，国家于 1960 年至 1963 年实施了压缩城镇人口的调整方针。1961 年党中央召开了八届九中全会，针对我国经济比例关系严重失调的问题，会议通过了"调整、巩固、充实、提高"的八字方针，要求按照农、轻、重的次序安排经济，集中力量加强农业和轻工业战线，缩短重工业和基建战线。这一方针直接影响到城市建设，此后，党和国家实施了一系列精减城市人口的政策，截止到 1963 年 6 月，全国共精减城镇职工近 2000 万人，城镇人口共减少 2600 万人。② 这一时期的城市建设对于生产建设与市政设施、服务性设施等人民生活性设施之间的矛盾有了更为客观的认识，在基本建设中更加注重市政建设和生活服务设施建设，做到了发展生产和改善人民生活二者兼顾。

20 世纪 60 年代初，我国周边局势严峻，特别是拥有核武器的美苏两国对中国存在潜在威胁。1964 年 8 月，毛泽东及其领导的党中央从备战角度出发，提出了"三线建设"战略决策。所谓"三线"，是按照战略地位把全国地域划分为前线、中间和后方，分别简称为"一线""二线"和"三线"。"三线建设"包括大三线和小三线建

① ［美］费正清、罗德里克·麦克法夸尔主编：《剑桥中华人民共和国史（1949—1965）》，谢亮生等译，中国社会科学出版社 1992 年版，第 738 页。
② 邹德慈等：《新中国城市规划发展史研究——总报告及大事记》，中国建筑工业出版社 2014 年版，第 144、147、151 页。

设，西南、西北为大三线，是工业建设的主要部分，中部及沿海地区为小三线。为了"备战"需要以及减缓大城市压力，在"大分散、小集中""分散、靠山、隐蔽"的基本建设方针的指引下，"三线建设"的企业大都远离大城市，分散布点，由东部沿海地区向西部内地地区迁移，从而做到即使在打核战争的情况下，"三线"建设的企业和项目也能够不受战争破坏，成为长期支持战争的后方基地。工业的发展带动城市的发展，一批新兴工业城市在三线地区崛起，推动了我国西部和内地地区城市布局体系的形成和发展。

总的来说，1958 年至 1965 年，我国的城市发展先是经历了"大跃进"时期的发展高峰，接着又经历了三年恢复调整期，随后又迎来"三线建设"时期的又一发展高峰。这期间，有进有退，有快又慢，城市建设呈波动性发展。

（三）城市建设的停滞期（1966—1977 年）：文化大革命时期党的城市建设思想及其实践

1966 年开始，我国掀起了长达十年之久的无产阶级文化大革命，党的工作重心从生产建设转为阶级斗争，城市规划及建设被迫处于停滞甚至中断状态。1967 年国家暂时停止执行北京市城市总体规划，提倡"见缝插针"和"干打垒"搞建设。这就使得盲目建设、破坏城市布局合法化，并波及全国。至 1968 年全国许多城市的规划机构被撤销，人员下放，致使城市工作基本停顿。城市建设和管理呈混乱无序状态，乱拆乱建、乱挤乱占现象层出不穷。特别是红卫兵在破除"四旧"的过程中，我国许多名胜古迹和园林绿地被侵占、破坏，尤其是历史名城中的许多传统建筑、壁画、铭文等被捣毁，严重破坏了城市的传统风貌，造成了无法挽回的损失。

1971 年，周恩来主持中央日常工作，在北京召开城市建设会议，决定恢复城市规划机构，要求对城市建设管理问题大加整顿，城市规划和建设工作出现复苏迹象。但这些努力都未见显著成效，大部分城市总体规划编成之后，遭到冷遇，不了了之。在此期间，有几个城市的规划建设完成得较好。一个是由于"三线建设"而制定的四川攀枝花钢铁工业基地渡口市（现攀枝花市）总体规划；另一个则是由于地震而进行的重建唐山总体规划，这也是"十年动乱"中唯一得到中央批准的规划。

1949 年至 1977 年是中国社会主义革命和建设的近三十年，这一时期的城市建设受"苏联模式"和计划经济体制的影响，体现出浓厚的政治性色彩。城市建设与党的基本路线和国家战略联系紧密，城市功能、城市布局、市政规划等受"五年计划""大跃进""三线建设""文化大革命"等政治性因素影响明显。以工业化带动城市化，强调城市为工业建设服务是这一时期最显著的特征。工业化是城市建设的主要动力，城市的规划和发展主要围绕工业布局展开，为工业化服务。这一时期的城市建设既取得了巨大成就，也经历了不少挫折，既有成功经验，也有失败教训。强化城市的生产功能，注重发展城市生产，符合新中国成立初期生产力落后，迫切需要提高生产力的现实国情。在这一思想指导下，我国初步实现了工业化、城市化，为以后的城市发展奠定了初步的物质基础。但由于长期以来单纯强化城市的生产功能，偏重重工业的发展，城市住宅、基础设施建设、环境保护等方面则被忽视，因此这一时期城市化的步伐以及城市人民的民生改善还是有限的。

二、改革开放和现代化建设新时期的城市发展①

党的十一届三中全会做出了把党和国家的工作重心转移到经济建设上来的重要决策，并由此开启了改革开放的新征程。随后，党和国家带领广大人民群众在促进社会经济发展的实践进程中探索，逐步确立了社会主义市场经济体制，在改革开放和社会主义市场经济体制共同作用下，中国经济发展增速迅猛、水平日益提高，逐步迈入世界经济发展的"快车道"。这为城市发展带来新契机，由于城市经济发展迅速、大量就业岗位空缺，吸引了大批农村剩余劳动力向城市转移，加速了农村人口脱离农业向工业、服务业转移，成为城市发展进程中不可或缺的建设力量，在经济和人口的共同促进下使得城市的面貌日新月异，城市发展进程也日渐加快。相较于中国社会主义革命和建设时期的城市建设而言，改革开放和现代化建设新时期（1978—2012年）的城市化率从 17.9% 跃升至 52.57%，城市数量从 193 个发展到 657 个，城区人口从 7682 万人升至 36989.7 万人，可以说，这一数据在世界范围是绝无仅有的，中国的城市发展在这一时期无论是速度、数量还是质量都实现了新飞跃。当然，这一时期我国城市发展的历史实践，强调要依据中国现实国情和国家社会发展需要，坚持走"以人为本"的城市化道路，充分发挥社会主义市场经济的引领带动作

---

① 本节城市数量、人口、面积等数据来源于中国城市建设统计年鉴，参见胡子健总编：《中国城市建设统计年鉴》，中国统计出版社 2020 年版，第 45 页。

用，走出了一条具有"中国特色"的城市发展道路，使得中国城市化水平与发达国家城市化水平之间的差距日益缩小，为新时代人民城市的形成和发展奠定了良好的物质基础和积累了宝贵的经验。

（一）改革开放和现代化建设新时期城市发展的历史进程

经济迅速恢复发展为城市建设打开了新局面，为我国城市建设带来了前所未有的发展动力，自此之后中国的城市化进程快速发展，不断缩小与发达国家之间的差距。从城市发展的整体来看，这一时期的城市建设可以划分为三个阶段，分别为：恢复发展期、全面推进期和稳步前行期。

1. 城市建设的恢复发展期（1978—1991 年，十一届三中全会至十四大前）

这一时期城市建设主要依靠力量是农村经济体制改革和大量人口向城市转移，由于人民公社制的废除到家庭联产承包责任制的确立和实行，大大激发了广大农民的生产积极性，促进了社会生产力的提高，使得更多农村剩余劳动力向城市转移。同时，随着社会发展步入正轨，大约两千万"知青"从乡村返回城市就业，并且高考的恢复也为更多的农村学子提供了进入城市的机会，为城市建设提供了重要建设性力量。这一时期的城市化率从 17.92% 升到了 26.94%，年均提高 0.75 个百分点；城市数量从 193 个增加到 479 个，增加了 286 个；城区人口从 7682 万人升到了 29589.3 万人，其中非农业人口达到了 14921 万人。这一阶段的城市发展势头迅猛，是我国改革开放后城市建设的良好开端。

2. 城市建设的全面推进期（1992—2001 年，十四大至十六大前）

这一时期城市建设主要依靠市场经济发展带动，伴随社会主义市场经济体制改革目标的确立和一大批经济特区、沿海开放城市、沿海经济开放区的建立，在极大地提高我国经济发展水平的同时，也为城市发展增添了更多动力。这一时期的城市化率从 27.46% 增长到 36.22%，年均增长 0.97 个百分点；城市数量从 517 个增加到 662 个，增加了 145 个；城区人口从 30748.2 万人升到了 35747.3 万人，其中非农业人口从 15459.4 万人升到了 21545.5 万人。市场经济和城市建设的发展相辅相成，更多农村人口向城市的二、三产业转移，城市建设步入持续快速发展阶段。

3. 城市建设的稳步前行期（2002—2012 年，十六大至十八大前）

这一阶段我国城市建设坚持"以人为本，全面、协调、可持续的科学发展观"为指导，注重城乡、区域的协调发展，特别是强调"以人为本"的发展观为城市建设赋予了新动能，把人民的利益和需求作为城市发展的根本出发点和落脚点，为新时代人民城市重要理念的提出和落实提供了重要思想来源。这一时期的城市率从 37.66% 增长到 52.57%，年均增长 1.49 个百分点；2012 年城市数量为 657 个；城区人口从 35219.6 万人增加到了 36989.7 万人，而城市人口在 2011 年首次突破 7 亿人并超过了农村人口。相比城市发展的全面推进阶段，这一时期我国的城市发展相对稳定，注重解决城市发展的问题，强调城市发展中人的因素，实现了从"经济富城"到"以人为本"建城的过渡。

（二）改革开放和现代化建设新时期城市发展的基本特征

改革开放和现代化建设新时期我国城市发展的速度快、规模大、成果多，这一时期我国城市发展具有西方国家城市发展一般特征的同时，更具有中国共产党领导社会主义城市建设的显著特征，主要体现在以下几个方面：

1. 城市发展以政策导向为突出特征

纵观新中国的城市发展史，无论城市总体发展趋势的昂扬还是缓慢，大都与政府相关城市建设政策的出台密切相关，改革开放后我国城市发展就是最好的例证，可以说，政府的政策是城市建设和发展的"风向标"。例如，1978 年 3 月，党中央在《关于加强城市建设工作的意见》中提出要"控制大城市规模，多搞小城镇"；1980 年 10 月，全国城市规划工作会议中提出要"控制大城市规模，合理发展中等城市，积极发展小城市"，之后在《中华人民共和国城市规划法》中明确规定为"国家严格控制大城市规模、合理发展中等城市和小城市的方针，促进生产力和人口的合理布局"，首次以法律形式规定了我国城市发展的方针，这也是我国之后城市发展的方针和要求。① 另外，包括沿海地区城市群建设、"西部大开发"、行政区划改变、城乡户籍制度改革、就业等诸多政策都会直接影响城市发展步伐。我国城市发展的政府主导、政策导向特征不仅是我国区别于世界其他城市发展的根本特征，而且更彰显为我国在党的领导下城市工作方面的制

---

① 李秉仁：《我国城市发展方针政策对城市化的影响和作用》，《城市发展研究》2008 年第 2 期。

度优势。

2. 城市发展以经济引领为阶段特征

我国城市发展同世界其他城市发展的一般特征相同，具有经济发展水平大幅提升、大量的农村人口成为城市人口等特征，与之不同的是，我国城市在速度、数量、规模等方面的发展远超世界其他国家城市发展，用 40 多年时间把我国城市发展水平提升到了西方资本主义国家上百年城市发展的平均水平，并且我国城市发展仍在不断加快。从我国城市发展历史进程看，改革开放和现代化建设新时期城市发展的特征表现为"经济富城"，既区别于社会主义革命和建设时期的"革命夺城""工业兴城"，也不同于新时代的"人民治城"[①]，强调以经济发展带动城市发展等其他各方面发展，经济发展作为驱动力推动城市富裕的同时促进人民富裕，不断提高人民的收入水平，使得我国与发达国家城市发展的差距日渐缩小，为新时代人民城市的建设奠定了物质基础。

3. 城市发展以注重保障人民群众利益需求为显著特征

中国共产党成立以来就把马克思主义作为根本指导思想，这就决定了我们一切工作必须坚持人民群众的立场，在推动我国城市建设和经济发展进程中，必须以人民群众的利益为出发点和落脚点，以提高人民生活水平和质量为根本追求。这一时期内我们党和国家提出了"以人为本"的科学发展观，探索出了一条具有"中国特色"的城市发展之路，彻底摒弃了全盘吸收西方城市化发展经验的错误做法，强调城市建设必须依据现实国情和人民群众需要来制定发展战略，这也

---

① 付高生：《中国共产党城市工作的百年历程与宝贵经验》，《湖南农业大学学报（社会科学版）》2021 年第 4 期。

是我们城市工作的"制胜法宝",也真正凸显出了社会主义城市发展的人民属性,从根本上区别于西方国家城市发展的逐利性,摒弃了资本增殖逻辑的负面效应。例如,上海世博会的主题——"城市,让生活更美好",直接把人民的美好生活追求作为城市发展的目标,这既是世博会对世界的庄严宣誓,更是中国对广大人民群众的承诺和行动,为全国其他城市发展提供了借鉴经验,为城市之间互学互鉴提供了契机和搭建了平台。正如习近平在任上海市委书记时指出的:"要通过举办世博会,使'城市,让生活更美好'这个主题延续到上海城市未来发展中,转化为全市人民共同的追求,让我们这座城市更加美丽,让上海人民的生活更加美好!"① 可见,人民城市重要理念在这一时期已初显雏形,为人民城市重要理念的生成奠定了重要的思想和实践基础。

除上述重要特征之外,改革开放和现代化建设新时期的城市发展还特别注重城市发展的辐射作用和示范效果,形成了以沿海拉动内陆、以东部带动西部、以部分促进整体的城市发展格局与经验。不仅如此,这一时期城市发展还强调城市之间和城市内部的协调、均衡发展,在注重城市个性发展的同时,学习和借鉴其他发达城市的建设经验,也更加关注中国城市发展在世界城市发展进程中的地位和作用,更加注重城市建设的对外交流交往,强调城市发展要面向世界和未来。

---

① 《"习近平提出要使'城市,让生活更美好'的世博会主题延续到上海未来发展中"——习近平在上海(四)》,《学习时报》2021年9月6日。

（三）改革开放和现代化建设新时期城市发展的宝贵经验

改革开放和现代化建设新时期我国城市工作取得了一系列重大成就，极大地推动了我国城市发展步伐，提高了城市发展水平，为新时代人民城市的发展积累宝贵历史经验的同时，也为人民城市的建设工作提供了重要启示。

1. 始终坚持党对城市工作的全面领导，走具有中国特色的城市发展道路

习近平总书记指出："马克思主义为中国革命、建设、改革提供了强大思想武器，使中国这个古老的东方大国创造了人类历史上前所未有的发展奇迹。"[①] 无论我国发展到哪一阶段，必须始终坚持党的全面领导地位、坚持马克思主义的根本指导，这是我国在社会各方面持续取得成功的根本保障。在我国城市工作中，党充分发挥其统领全局、协调各方的作用，发挥党在城市建设发展中把方向、管大局、保落实的功能，依据我国的现实国情和人民需要，积极探索适合我国的城市发展道路，制定相应的政策法规保障我国城市建设，从而不断深化对城市发展规律的认识，锚定社会主义的城市发展方向，以提高人民的生活水平为目标追求，从而持续推动我国城市健康有序发展。

2. 持续发挥经济基础引领作用，探索城市发展的多元驱动力

解放和发展生产力既是社会主义初级阶段的本质要求和根本任务，也是改革开放的鲜明特征。改革开放和现代化建设新时期，社会

---

① 习近平：《在纪念马克思诞辰 200 周年大会上的讲话》，人民出版社 2018 年版，第 14 页。

生产力大力发展和城市化进程的加快，直接推动着我国经济的飞速发展，逐步使我国从贫困到温饱再到富裕，并在 2010 年我国 GDP 首次超过日本，成为全球第二大经济体，经济的腾飞和综合实力的增强为社会主义现代化建设奠定了稳固的根基，因此必须保障并维护经济的平稳健康发展，充分发挥经济发展在城市发展中的拉力作用。回顾中国城市发展的历史实践，必须清醒地认识到城市建设中"唯 GDP 论"的错误，避免城市发展只注重经济发展而忽视人等其他要素的发展，进而避免中国城市发展长期陷入"唯 GDP 论"的困境，走出这一困境必须在发挥经济引领城市建设作用的同时，注重其他各方面的发展，充分调动社会力量参与城市建设，从政治、经济、文化、生态等多方面寻找城市高质量发展的突破口，把创新变成城市发展的内生动力，为城市发展寻找更多元的推动力。

3. 强调城市发展的协调性，全面提升城市发展质量

由于地理位置、自然气候、政策等各种原因，我国城市发展进程中出现了东西部以及城乡之间差距大等不平衡现象，成为我国城市发展的短板问题，也是之后城市建设工作中必须注重并解决的重要问题。要从长远上解决城市发展的失衡问题，把协调、可持续发展当作城市发展的基本要求，从整体上推动城市高质量发展。这就要求必须解决好城市之间、城市内部的发展失衡问题，一方面要加强城市之间的交流合作，打通城市建设经验交流壁垒，推动城市群发展的同时，以东部城市发展带动西部城市发展；另一方面要注重城市内部各要素的均衡发展，处理好三大产业的内部关系，优化城市空间结构等。此外，城市建设还必须坚持问题导向，及时处理好城市中已经存在或可能出现的问题，包括解决好医疗、就业、环境等具体问题，从而更好

地推进我国城市化进程，将城市健康协调发展之路建设成为通往人民群众的美好生活之路。

4. 坚持"以人为本"的城市发展之路，发挥人民群众建设城市的主体作用

人民群众毫无疑问是城市的主体，对城市的形成和发展具有决定性历史作用，因而必须充分重视并发挥人民群众建设城市的重要作用，必须聚焦人民群众的利益和需求，把人民群众的需要贯穿于城市建设和发展的全过程，使人民共享城市发展的成果。这也是城市建设中坚持群众观点和群众路线的基本要求，更有利于把坚持"以人为本"的城市建设之路落到细处、落到实处，从而增强城市发展的韧性和动力。城市发展坚持"以人为本"既是对我国城市建设历史经验的总结，也是对城市发展规律的遵循。曾经我国在推动城市发展中一味地追求经济效益，而忽视人民在城市发展中的地位和作用，导致我国城市发展陷入"不完全城市化"的困局，成为我国城市发展路上的"拦路虎"。对于这一难题的破解必须紧紧依靠人民群众，发挥人民群众在城市建设中的主体作用，发挥其积极性、主动性和创造性，解决城市建设中"见物不见人"的困境，在重视经济发展促进城市发展的基础上，更加重视和发挥人民群众的历史作用，实现人民发展与城市发展的相互促进。

三、新时代中国特色社会主义的城市治理

历经 40 余年改革开放的发展，中国已经步入了新时代，党情世

情国情都发生了深刻的变化。自党的十八大以来，中国不仅迈入了新时代，还完成了脱贫攻坚、全面建成小康社会的历史任务，实现了第一个百年奋斗目标。"我国发展已经站在了更高的历史起点上"[①]，人民城市的建设也应该在更高的历史站位上继续推进。新时代的人民城市建设，强调回归以人为中心的城市理念，聚焦发展不平衡不充分的社会主要矛盾，以高质量发展夯实城市发展基础，发挥举国体制的优势，为全民参与城市建设创设条件，以此增强城市发展活力，释放城市自身魅力。新时代中国特色社会主义的城市治理，破除了西方世界以"量"取胜的经济衡量标准，以人文和美学为城市的发展赋能。同时面向世界，以城市为"点"，描绘发展蓝图，为世界的发展注入中国力量。

（一）破除量化指标束缚，回归以人为中心的城市理念

城市化是衡量一个国家或地区现代化程度的重要指标，它指的是随着一个国家或地区社会生产力的发展、科学技术的进步以及产业结构的调整，由以农业为主的传统乡村型社会向以非农产业为主的现代城市型社会逐渐转变的历史过程。毫无疑问，城市化是人类社会由低级向高级，由简单到复杂的发展过程和产物，它不仅代表了深刻的技术变革，更是社会关系的根本性变革。纵观人类社会发展，由西方世界开启的工业革命把城市建设推到了新的高度，也正由于工业革命的

———————

[①]　习近平：《高举中国特色社会主义伟大旗帜　为全面建设社会主义现代化国家而团结奋斗——在中国共产党第二十次全国代表大会上的报告》，人民出版社2022年版，第7页。

世界历史意义，使得城市建设具有显著的工业韵味，城市无非是资源集中、高流动性、贸易买卖热络的空间结构，由此形成了不断拓宽的循环链向前发展。桑巴特早就注意到了城市与资本主义发展之间的联系。对资本主义来说，推动城市建设的因素与中世纪发展而起的集镇具有相同的动因：消费。"资本主义早期的大城市基本上都是消费型城市这一点值得注意。"① 在 18 世纪的城市理论中，传播最广、最受欢迎的是城市生长理论，该理论突出了城市在促进经济增长中的积极作用，而城市之所以能够如此吸引人的注意恰恰在于其不能忽视的经济效能。在消费驱动发展中，城市与经济指标、奢侈之风、消费享受等联系在一起。据此，城市建设被"工业锈带"缠绕，其发展潜力直接与发展的数量和速度相关，也无怪乎马克思对资产阶级的历史作用不吝赞美之词。但在量化指标的束缚下，城市的建设与发展很快临近极限，浪费、污染等"外部成本"的增加令城市不堪重负。在这些非经济的外部因素中，"首当其冲的是人之不能善待他人的问题，我们不能保证这些因素不会对整个社会的结构产生毁灭性的影响"②。罗马俱乐部在更早时期就已经为此担忧不已了，《增长的极限》把一个极其现实的问题摆在了世人的面前，以量化指标作为衡量城市发展的标准，显然是没有出路的。

按照刘易斯·芒福德的说法，城市实质上是人类的化身，说到底城市是要为人服务的。在新时代进行城市建设，当务之急便是转化城

① ［德］桑巴特：《奢侈与资本主义》，王燕平、侯小河译，上海人民出版社 2000 年版，第 31 页。

② ［英］大卫·兰德斯：《解除束缚的普罗米修斯》，谢怀筑译，华夏出版社 2007 年版，第 5 页。

市建设的理念，从思想和观念上对城市的理解和认识进行纠偏。继联合国提出"所有人的城市"之后，习近平总书记在考察上海时提出了"人民城市"的重要理念，强调城市属于人民，城市治理依靠人民，城市发展为了人民，为新时代中国特色社会主义城市治理提供了全新的价值引导，突出了城市的人民性，其核心是具体的现实的个人，蕴含了人本精神、人文情怀和人居理想，破除了西方世界量化指标的束缚。在"人民城市"理念中，回答了城市为何而建、由谁来建、建成何样的问题，也明示了"城市不能仅仅是经济发展的载体，更应该是人民的生活家园与精神归宿"[①]。以人的生活图景和精神状态来衡量城市的发展程度，而非以竞争、量化的指标引导城市的发展，是新时代中国特色社会主义"人民城市"开出的城市建设良方，为陷入疲软、不堪重负的现代城市建设给出了有温度、有人情味的答案。

（二）聚焦高质量发展，发挥城市建设的"雁阵效应"

历经几十年改革开放的发展，中国已经步入了新时代，经济发展进入新阶段，社会主要矛盾已经发生了变化，发展不平衡不充分的矛盾成为实现民族复兴大业的短板，尤其是发展不平衡的矛盾。从经济体量的绝对增长来看，已足以承担起人民群众对物质的需求，但是不平衡的发展却构筑了天然的屏障，阻碍了资源、信息、人才的有效流通，难以形成具有辐射效应的城市群现象，难免造成"赢家通吃"

---

① 吴晨、郑天：《迈向人民城市的复兴》，《北京规划建设》2018 年第 4 期。

的局面，这样只会逐渐拉大各城市之间的发展差距，形成一条拦截东西互动的鸿沟。东部地区大城市、特大城市、超大城市等吸引了绝大部分资源和人才，造就了具有内在驱动力的空间循环结构，完全有能力依靠自身的规模和实力成为现代化建设的重要引擎。而发展相对落后的城市，一方面，自身造血能力较弱，难以形成资源、人才双向驱动的局面；另一方面，生产要素循环受阻，阻碍经济结构优化升级，资源优势、市场优势难以转化为生产力优势和竞争优势。经年累月，发展不平衡的矛盾最后极有可能积重难返，造成不可挽回的创伤。更重要的是，传统形成的以东部地区为窗口的市场和资源"两头在外"的外向型经济在国际格局调整中也面临着巨大的挑战。作为改革开放窗口的东部地区，把大批技术和资源抛向国际市场，在经济定位与资源匹配度的影响下，东部发达城市反哺中西部较为落后城市群的力度较小，这种"两头在外"的"沿海外向型经济的发展没有能够带动西部地区的发展"①。资源和信息循环的联动效应随着经济差距的拉大而不断弱化，虽然东部地区作为改革开放的窗口推开了中国进入世界的大门，而西部地区的资源和市场却成了凝固的"铁板一块"，凝结为未兑现的生产力。加之当前世界经济复苏乏力，如若仍然遵照以出口和直接投资拉动经济增长的发展模式，东部地区的竞争力将逐渐式微。到那时，以东部地区为现代化建设窗口的布局也将陷入困境。

人民城市理论的实践必须坚持以问题为导向，切实解决真切的现实问题。"问题是时代的声音，回答并解决问题是理论的根

---

① 洪银兴：《政治经济学视角的新发展格局》，《马克思主义与现实》2021年第1期。

本任务。"① 在国内经济发展变速、结构调整加快，全球不确定因素增强的新时代，这是当前建设人民城市最大的时代背景，也是不得不回应的现实考验。因此，人民城市重要理念的执行与贯彻必须依托经济的高质量发展。就目前的发展格局来看，发展不平衡是最突出的矛盾，正是这个矛盾钳制了整个经济版图的推进。人民城市的建设，既需要解决落后地区造血功能弱化的问题，也要积极寻求可持续发展的路径发挥发达城市的联动效用，以形成梯级有序、双向互动、整体推进的城市发展格局，发挥城市建设与发展的"雁阵效应"。既有西部区域的"成渝经济圈"，又有贯通华东地区的"长三角经济区"，还有振兴东北重工业的发展政策等。城市建设的格局已经逐步打开，并形成了"和而不同"的并行发力的局面，而这一切都建立在高质量发展的基础之上，在提高城市工作科学性的同时也关注了城市建设工作的系统性、全面性和可持续性。习近平总书记在中国经济由高速增长阶段转向中高速增长的调结构阶段，提出了高质量发展的时代课题，强调立足大局、抓住根本，遵循经济规律，主动适应把握引领经济发展新常态。破除传统的经济 GDP 标准，实施创新驱动发展战略，塑造健康可持续发展的经济机体，优化产业结构，调整经济布局，增强城市自身的造血能力，促进不同层级城市的有效联动，加快城市群建设，形成强劲的城市循环链，形成整体推进之势，为建设人民城市创设了优渥的现实条件。

---

① 习近平：《高举中国特色社会主义伟大旗帜　为全面建设社会主义现代化国家而团结奋斗——在中国共产党第二十次全国代表大会上的报告》，人民出版社 2022 年版，第 20 页。

（三）彰显制度优势，增强城市建设凝聚力

大卫·兰德斯在思索工业革命为何首先发生在欧洲的问题时发现了欧洲社会环境具有的两个显著特征："一是私营企业充分的自由度和高效率；二是社会对理性化地控制人与自然环境的高度重视。"[①]前者为经济主体的发展创造了自由开放的社会环境，后者反映了英国特有的文化要素。除此之外，大卫·兰德斯在英法更进一步的对比分析中发现，英国无法用水平的状态线对整个社会金字塔进行分层，而法国则是严格的三层结构。相较而言，英国的政治环境更加富有活力，经济主体更具开放创新的精神。可见，在一个国家或地区的发展中，政治环境也发挥了举足轻重的作用。同理，一个具有人民性的城市的建构，也需要制度环境为其保驾护航，以此来激起人民群众参与治理的积极性和提升群众建设人民城市的参与度，只有真正做到了人民城市人民建，人民城市属于人民，才能真正赋予城市以人的属性，也才能切实地呈现出"城市，让生活更美好"的图景。

与西方世界被资本集团所绑定的政治附庸不同的是，中国政治制度具有人民性，是中国特色社会主义政治制度。中国特色社会主义政治制度既能做到统揽全局，又能协调各方资源，既有高屋建瓴的战略性布局，又有站稳基层的制度性安排，既能发挥党组织的统领作用，又能凝聚群众力量，集中优势资源，调动全员参与建设人民城市的积

---

① ［英］大卫·兰德斯：《解除束缚的普罗米修斯》，谢怀筑译，华夏出版社 2007 年版，第 14 页。

极性。城市作为进行现代化建设、连接国际市场、融入国际分工与合作的重要窗口，已然成为促发展的重要引擎，被置于战略性布局的高度。东部沿海地区形成的点—线—面的城市发展格局，承担了贯彻对外开放基本国策的职能。换言之，人民城市的建设与制度优势的转化和发挥密不可分，正是在党的领导下开启了东部沿海城市的发展传奇，打开了中国连接外部世界的大门。中国特色社会主义政治制度的人民性从战略高度为人民城市的建设提供了价值引导，独具特色的根本政治制度为人民群众参与城市建设与城市治理创设了现实路径，人民群众以城市的主人身份加入到人民城市建设的队伍中。除了党组织在战略高度上的引导之外，地方工作也能在党中央的统领下稳步推进，把制度优势转化为人民城市建设的竞争优势。其中就包括立法工作的践行和人大代表制度的完善。上海在继深圳之后加快立法工作，把"城市更新"的工作上升到人大立法的高度上，切实为推进城市的改造和建设提供了制度保障。为了更进一步凝聚人民群众力量，增强人民城市建设的凝聚力，上海出台了《关于加强和改进市人大代表工作的若干意见》，规范了人大代表的工作，不仅有力地推进了全过程民主，增强了代表工作的科学性和民主化，使得人大代表的服务保障不断优化；还强化了人大代表与人民群众之间的联系，为人大代表反映民意、解决民生问题、汇聚人民城市建设的良策铺设了道路。从战略性的布局到地方的工作安排，新时代中国特色社会主义的城市治理能够将制度优势转化为城市建设的竞争优势，既能在高度上满足城市建设的国际定位，又能在地方布局上实现城市建设的物质性和真实性，更能在中国共产党的统领下保持灵活性与原则性的张力，充分发挥了根本政治制度在凝聚群众力量，汇聚人民群众治理智慧方面的作用，把优势转化为具有实践力的效能，使得人民城市的建设和治理不仅有物质基础的支撑，更有人心向背的支持。

（四）面向世界，为城市建设注入活力

开启了具有世界历史意义的工业革命的英国在"二战"之后"垂垂老矣"，发展的交接棒转交到美国手中。其实，早在19世纪50年代，法国和德国的经济实力就已经有赶超英国之势了，其发展差距逐渐缩小。大卫·兰德斯也曾思索过这个问题，为何欧洲某些国家会先于其他国家实现转变，他认为这主要得益于欧洲大陆国家的效仿和学习。"善于学习是新生资本主义经济的天生长项，由于其他社会形态在这一方面普遍缺乏进取精神，资本主义的这一优势就表现得更为突出。"[1] 在整个世界现代化进程中，分为自发式变革和模仿式响应两大类别。当英国在世界前列时，欧洲大陆其他国家开启了模仿式的响应，大有赶超英国霸主地位之势，纵使德国在"二战"之后负债累累，也很快在效仿和变革中崛起。由此可见，对一个国家或地区的发展而言，已绝非狭隘的区域范围分内之事，而是关乎世界历史进程的深刻变迁。特别是在当代社会发展际遇中，世界版图趋于稳定，全球化合作朝向纵深方向发展，即使前有英国脱欧的影响，后有美国逆全球化浪潮的侵扰，也无法逆转全球化大势，世界早已形成了"一荣俱荣，一损俱损"的命运相连的共同体，任何想要独善其身、关闭国门规避世界风险的企图都将落得竹篮打水的结局。故而，在此

---

[1] ［英］大卫·兰德斯：《解除束缚的普罗米修斯》，谢怀筑译，华夏出版社2007年版，第27页。

种历史背景下建设人民城市，自然是无法回避世界舞台的，若要建设真正的人民城市，势必是要面向世界的。正如习近平总书记所言："我们要拓展世界眼光，深刻洞察人类发展进步潮流，积极回应各国人民普遍关切，为解决人类面临的共同问题作出贡献。"① 在世界中成就自身，也在成就自身的同时融入世界。

上海作为观察世界的窗口，在这个方面已经做出了表率。从基础设施建设到工业大跨越发展，不仅挽留了"工业锈带"的肌理，还增添了"生活秀带"的温情，在当今世界上开发出陆家嘴金融贸易区宝地，沿江河发展为跨河型的比肩世界发达城市的国际大都市，在"给中国一个机会，还世界一份异彩"的世博会中，上海向世界做出了庄重的承诺，把中国速度打造成世界名片，用实际行动缩短空间距离。无独有偶，率先提出"公园城市"的成都也将自身定位为国际都市，加快基础设施建设，积极招商引资和吸纳人才，集中优势资源建设以成都为中心的城市群，将自身打造为西南片区的重镇，与重庆珠联璧合共同打造"成渝经济圈"，并肩走向国际市场。在全球化进程遭遇挫折之际，中国率先给出答案，精彩纷呈的进博会不带任何政治目的，在推动全球经济平衡发展中自觉承担起责任，给全球稳定发展打了一剂强心针，不仅向世界展现了现代大都市的活力与魅力，也向世界彰显了中国城市走向世界的态度与决心。

---

① 习近平：《高举中国特色社会主义伟大旗帜　为全面建设社会主义现代化国家而团结奋斗——在中国共产党第二十次全国代表大会上的报告》，人民出版社 2022 年版，第 21 页。

四、人民城市理念的重大意义与现代构建

"人民城市人民建，人民城市为人民"是习近平总书记在上海杨浦滨江考察时提出的重要理念。"人民城市"理念是中国特色社会主义城市发展理论的重要组成部分，是习近平新时代中国特色社会主义思想在城市建设与治理领域的最新成果，是对马克思主义城市理论与学说中国化的继承与发展，它深刻揭示出城市建设发展依靠谁、为了谁的根本问题，回答了建设什么样的城市、怎样建设城市的重大命题，为深入推进中国特色社会主义城市建设的高质量发展提供了根本遵循和实践方向，体现了历史逻辑、理论逻辑和实践逻辑三者的有机统一。

（一）历史逻辑：从"治好一座城"到"找到一条路"

城市是现代文明的标志，城市治理是国家治理的重要组成部分，中国共产党成立百年来，从新民主主义革命时期到中国特色社会主义新时代，一直坚持积极探索并形成了宝贵的城市治理经验，为中国城市建设指明了方向。我们党在推进城市治理现代化的具体实践中，深刻把握城市治理规律与人的发展规律的协调统一，以实现人民幸福生活为价值旨归。早在习近平担任福州市委书记时就把群众关心的事情放在第一位，在浙江工作时，针对外来务工人员比较集中的情况，推动兴建了一大批集农民工居住、教育培训、管理服务、文化娱乐于一

体的"安心公寓""建设者之家"等，使"工者有其居"。来到上海工作后，习近平也切实要求落实各项惠民政策，始终坚持城市发展为了人民，这些都是习近平早期城市工作的实践和探索。

自2012年习近平担任总书记以来，一直坚持以人民为中心的指导思想，而城市建设与人民生活息息相关，2013年召开的中央城镇化工作会议与2015年召开的中央城市工作会议是人民城市重要理念形成过程中的两大标志性事件。中央城镇化工作会议指出，"要以人为本，推进以人为核心的城镇化，提高城镇人口素质和居民生活质量"。中央城市工作会议中强调，城市是我国经济、政治、文化、社会等方面活动的中心，要顺应城市工作新形势、改革发展新要求、人民群众新期待，要坚持以人民为中心的发展思想，坚持人民城市为人民。① 这一指导思想明确了人民城市要坚持人民主体和人民导向。这也是人民城市概念首次出现在国家文件中，人民城市的战略定位也体现了中国共产党始终"不忘初心""牢记使命"的历史担当。

通过对习近平城市工作的梳理可以发现，人民城市重要理念不是一蹴而就拍脑袋形成的，而是在长期的历史实践中沉淀和总结出来的系统概括和理论思考，是从对福建、浙江、上海等地具体治理的经验总结中找到的一条城市治理的正确道路，是适应中国国情的城市治理的科学指南，始终把人民主体地位作为根本价值取向。

（二）理论逻辑：马克思主义城市学说中国化的理论成果

马克思主义是中国共产党的行动指南，党始终坚持马克思主义在

---

① 《让城市和谐宜居更美好》，《人民日报》2015年12月23日。

意识形态领域的指导地位不动摇，马克思主义中国化也是贯穿中国近现代史发展过程的一条主线。人民城市理论深刻回答了什么是城市，城市依靠谁，城市为了谁，城市成果由谁共享等时代命题。马克思主义的城市观是人民城市理论的直接来源，为城市发展问题提供了重要的理论支撑。人民城市理论是习近平新时代中国特色社会主义思想在城市建设与治理领域的最新成果，是马克思主义中国化的重要成果。

马克思主义始终代表最广大人民群众的根本利益，"人"这一主体是贯穿马克思主义的核心，一切的发展都是为了"人"，"人"在一切的发展中都具有重要的作用。城市的发展也不例外，城市发展的最终目的和归宿是实现人的自由全面发展。但马克思认为生产和交换推动着社会需要的产生，而社会需要的发展是推动城市向前发展的动力，生产力是城市发展的根本动力。他更多的是从生产力与生产关系、阶级关系与阶级斗争等方面来展开的，同时对生产力和社会分工进行了分析，论述了城乡发展经历的几个阶段。除此之外，马克思主义城市观还涉及人与自然和谐发展、城市和乡村的辩证关系、城市生产力等方面，对城市全面发展指明了方向。新中国成立以来，特别是改革开放以来，城市的建设和发展取得了巨大成就，离不开中国共产党始终坚持马克思主义的指导，遵循马克思主义人本思想，城市在快速发展过程中始终不忘人民主体地位，人民城市靠人民，人民城市人民管，人民城市为人民，人的自由全面发展在中国城市发展理念、规划、建设当中体现得淋漓尽致。中国共产党人结合中国革命、建设和改革开放实际，不断推进马克思主义城市学说中国化发展及其伟大实践进程，实现了一个又一个突破。

人民城市重要理念正是习近平总书记立足于新的历史方位，在对中国城市建设现状深刻把握的基础上提出的具有创造性的理论。它继承了马克思城市学说中关于城市发展目标、主体等部分内容，同时首次科学阐明了城市属于谁、为了谁、依靠谁等基本哲学命题，以及建设什么样的城市、怎样建设城市等基本理论问题，系统阐述了城市发展的动力来源、目标指向，以及治理方法等，强调了城市的人民属性。它凝结了习近平总书记关于现代城市建设和治理的一系列重要论述，凝结了中国共产党人的实践经验和智慧，是中国现代城市建设和治理现代化，城市软实力提升的重要认识论和方法论，同时也是习近平新时代中国特色社会主义思想的重要组成部分，是中国特色社会主义城市建设理论和实践方略在新时代的创新发展，是马克思主义中国化在城市领域的最新成果。

（三）实践逻辑：新时代中国城市治理的科学行动指南

1. 坚持以人民为中心的发展思想

2019 年 11 月，习近平总书记视察上海时指出："城市是人民的城市，人民城市为人民。"① 这一论断指出了人民在城市建设中的主体地位，是新时代城市建设的重要指导思想。人民城市重要理念为新时代推进人民城市建设提供了根本遵循，也为实现人民对美好生活的向往指明了方向。以人民为中心代表着城市治理的方向，具体体现为城市治理为了人民、城市治理依靠人民、城市治理成果由人民共享。这不仅是推进城市治理现代化的必然，也是新时代中国城市治理实践

---

① 《深入学习贯彻党的十九届四中全会精神 提高社会主义现代化国际大都市治理能力和水平》，《人民日报》2019 年 11 月 4 日。

的经验总结。以人民为中心的思想也必然促进治理水平的提升，习近平总书记强调"想问题、做决策、办事情都要站在群众的立场上，通过各种途径了解群众的意见和要求"。以人民为中心的发展思想要求在城市治理过程中及时了解群众实际生活情况，多倾听群众的声音，知道什么是群众真正想要的，从人民的根本利益着手谋划思路、制定措施、推动落实。在明确"为了谁"的思想指导下，城市的建造与治理在补短板、惠民生、促进社会公平正义和提升人民福祉等方面就有了更加坚定的行动目标和方向。除此之外，人民也是城市建设的主体，因此要求动员广大人民参与城市治理，发挥人民主体作用，凝聚人民群众的智慧，提升城市治理水平。

2. 共建共治共享的社会治理制度

"坚持和完善共建共治共享，保持社会稳定、维护国家安全"① 是习近平总书记所倡导的新时代社会治理制度。"共建共治共享"简简单单的六个字凝结着我党和全国人民自党的十八大以来在社会治理方面的集体智慧结晶，表明了我们一直在紧跟时代脚步，不断深化对社会治理的认识，其中的变化不仅停留在文字上，而且是社会治理思想的不断升华。共建共治共享治理制度体现的是全民参与，它尊重了人民的参与权，维护了人民群众的根本利益。上海是全国最大的经济中心城市，也是世界超大城市的代表，为此需要把握人民城市的"生命体征"，走出一条符合超大城市特点和规律的社会治理现代化新路子。"共建"是指人民群众共同开展社会建设。就是要树立合理的社会规范，在社会建设的过程中激发社会活力，动员社会力量，让

---

① 《坚持和完善共建共治共享的社会治理制度》，《光明日报》2019 年 11 月 9 日。

广大人民群众都能参与其中。要想实现"共建",重点在于社会建设的制度性安排。要构建共建体系,调动社会各界主体参与社会建设的积极性,并提前设计好共建的渠道。"共治"是指人民群众共同参与社会治理。共建和共治虽然都体现了人民参与,但是共建是开展共治的前提条件,共治只有在共建的基础上才能实现,是共建的进一步深化,也是实现国家治理体系和治理能力现代化的关键一步。"共享"是指人民群众共同享有治理成果。习近平总书记指出:"共享发展是人人享有、各得其所,不是少数人共享、一部分人共享。"①让人民群众共同享有发展成果是我们党和政府一直持之以恒、不懈奋斗的目标,也是为满足人民美好生活需要,回应"人人都能享有品质生活、人人都能切实感受温度"的发展需求,提升人民的获得感、幸福感和安全感做出的有益探索。

3. 促进统筹协调和精细化管理

2015 年 12 月的中央城市工作会议明确提出"五个统筹"城市发展新要求,即统筹空间、规模、产业三大结构,提高城市工作全局性;统筹规划、建设、管理三大环节,提高城市工作的系统性;统筹改革、科技、文化三大动力,提高城市发展持续性;统筹生产、生活、生态三大布局,提高城市发展的宜居性;统筹政府、社会、市民三大主体,提高各方推动城市发展的积极性。清楚阐释了城市未来建设以人为本的思路,通过五个统筹来开创城市发展新局面。此外城市治理还需坚持精细化管理,顺应信息化发展趋势,打造智慧城市和建立绿色生态家园。

---

① 《习近平谈治国理政》第二卷,外文出版社 2017 年版,第 215 页。

（四）提升民生"三感"，让"人民城市"落到实处

党的十九大报告中提出要"使人民获得感、幸福感、安全感更加充实、更有保障、更可持续"。民生"三感"是人民群众在得到物质生活满足后，要实现的一种精神生活状态。因此，提升民生"三感"是人民城市建设的重要评判标准。

1. 价值取向：立足人民日益增长的美好生活需要

中国特色社会主义进入新时代以来，社会主要矛盾已经转化为人民日益增长的美好生活需要和不平衡不充分的发展之间的矛盾。人民对精神层面的需要日益增加，获得感、幸福感、安全感是精神层面需求的重要表征。坚持人民主体地位是人民城市建设的基本立场。习近平总书记关于城市发展的重要论述中将人民的思想贯穿其中，城市发展为了人民，城市发展依靠人民，必须走群众路线，与群众紧密联系，使人民群众共享城市发展成果。心系民生，殚精竭虑；民之所忧，我之所应；民之所望，施政所向。这个初心使命是激励中国共产党人改天换地的根本动力。[①] 从上海来说，改革开放取得的巨大成就为城市发展奠定了坚实的物质基础。与此同时，法治、公平、正义、安全、环境等需要成为人民美好生活的新期待，而满足这些新期待就需要坚持"人民城市"重要理念。

2. 制度建设：完善社会公共服务体系和社会保障体系

社会公共服务体系包括公共教育、就业创业、社会保险、医疗卫

---

① 朱勤皓：《扎实推进特大型城市民政工作高质量发展》，《中国社会报》2019 年 8 月 1 日。

生、社会服务、住房保障、文化体育、残疾人服务等多个领域，是最基本的民生需求。社会保障可以为百姓提供最基本的生活帮助，是维持社会稳定的重要保障。它主要是以国家和政府为主体，通过国民收入再分配的形式，针对人民的生存和发展问题给予物质帮助，满足人民的生活需要，让人们看得起病、有房子住、老有所依。习近平总书记强调，要全面建成覆盖全民、城乡统筹、权责清晰、保障适度、可持续的多层次社会保障体系。[①] 解决好民生需求是提升民生"三感"的重中之重。上海通过改革开放实现了经济的高速增长，与此同时，为提升民生"三感"，上海一些区对人民城市做了很多积极的尝试。回应了"人人都能享有品质生活、人人都能切实感受温度"的发展需求。

3. 根本保证：实现经济高质量发展

在新的发展阶段，我国发展环境面临深刻复杂变化。从外部环境看，当今世界正经历百年未有之大变局，国际环境日趋复杂，不稳定性、不确定性明显增加。从内部环境看，中国经济要实现高质量发展，也需要继续应对不少的风险和挑战。推动高质量发展，要解决好现在的主要矛盾中发展不平衡不充分的问题。要统筹好物质与精神、经济与生态、安全与发展、个人与社会、先富和后富等问题之间的关系。这就要求，在推进国家治理现代化和基本公共服务产品的有效供给过程中，要有意识地关注、强化各项民生政策、惠民措施等政策实施的稳固化和制度化，让人民在分享改革发展成果的同时，进一步提升民生"三感"。在社会主义现代化强国建设的进程中，我们面临着

---

① 《习近平谈治国理政》第三卷，外文出版社 2020 年版，第 37 页。

很多非传统性问题，不仅仅是中国甚至整个世界都面临着这些问题，人与自然关系失和、公共安全问题等，因此在促进经济发展的同时，我们要加快推进产业升级，提高自主创新能力，改善自然环境，实现高质量的经济增长，使高质量经济增长的成果惠及每一个人。

第 四 章

上海人民城市理念的整体布局与贯彻落实

上海是世界观察中国的一个重要窗口。在探索人民城市建设发展的过程中，上海始终坚持城市的人民属性，将人民的向往作为城市建设发展的方向，将人民的需求作为城市建设发展的需求，将人民的痛点作为城市建设发展的重点，将人民的感受作为检验城市建设发展成效的标尺，充分发挥人民群众在城市建设发展中的主体作用，真正做到了共建共治共享。2021 年 11 月，人民城市建设座谈会在上海召开，会议强调指出：要深入学习贯彻党的十九届六中全会精神，深入践行习近平总书记关于人民城市建设的重要理念，加快建设属于人民、服务人民、成就人民的美好城市，打造人民城市建设的上海样本，展现社会主义现代化国际大都市的上海形象，奋力谱写"新时代城市，让生活更美好"的新篇章。

一、上海践行人民城市理念的内在质地与独特优势①

在人民城市重要理念的指引下，作为中国特色社会主义全面深化

---

① 吴海江、江昊：《人民城市，新时代城市建设的新样态》，《澎湃》2021 年 9 月 27 日；《人民城市更聪明更亲民》，《解放日报》2021 年 11 月 9 日。

改革的排头兵，全面扩大开放的高地，为更加自觉地将习近平总书记关于人民城市建设重要理念贯彻落实到上海城市建设的全过程和各领域，更好地推动高质量发展，创造高品质生活、实现高效能治理，上海需首先认识并发挥出自己的内在质地与独特优势，以内生性动力向着引领构建新时代中国特色社会主义"人民城市"的新模式阔步迈进。

（一）赓续红色基因，彰显百年大党初心使命的"人民城市"

上海是党的诞生地和初心始发地，红色是这座城市最鲜亮的底色，人民是这座城市最坚实的根基。建党百年来，红色基因始终流淌在上海的城市血脉中，上海这座城市见证了中国共产党的诞生，承载着中国共产党的革命传统、英雄史诗以及精神伟力。从中共一大到浦东开发、从上海兴业路石库门到陆家嘴金融中心的创建，建党红线贯穿着上海的城市脉络，厚重的历史沿袭也赋予了上海更重的责任与使命。"为中国人民谋幸福，为中华民族谋复兴"的初心使命是上海贯彻人民城市理念的动力来源，红色基因是引导上海贯彻人民城市理念的精神养分，红色资源是彰显上海贯彻人民城市理念的文化基础。新时代践行人民城市重要理念，推进人民城市建设，必须在党的坚强领导下，坚持以人民为中心，贯彻创新、协调、绿色、开放、共享的新发展理念，转变城市发展方式，完善城市治理体系，提高城市治理能力，让人民城市的建设成果为人民共享，让人民城市的治理效能体现在人民群众获得感、幸福感、安全感的提升上。上海始终坚持以党建引领聚合治理资源、把基层组织有魂有形有效地嵌入经济社会发展最活跃的脉络，如陆家嘴金融城探索城市新兴领域党建工作的"金融驿站"、徐汇区打造的"30 分钟党建圈"等，在城市建设过程中真正贯彻"一切为了群众，一切依靠群众，从群众中来，到群众中去"的群众工作路线。红色基因是上海的内在质地与独特优势，也是上海城市建设过程中需承担的一份责任，督促着上海要以高度的自觉践行人民城市重要理念，传承红色基因，秉持人民情怀，努力创造无愧于党的诞生地、无愧于人民的出色业绩，让人民生活得更加幸福、更有尊严。

（二）坚持人民至上，彰显"生活秀带"宜居魅力的"人民城市"

习近平总书记在杨浦滨江考察时，高度肯定了杨浦将"工业锈带"变成了"生活秀带"的做法，嘱托上海要在城市发展中继续牢记人民利益高于一切，始终为人民谋幸福。2020 年 6 月，中国共产党上海市第十一届委员会第九次全体会议坚持以人民为中心的发展思想，审议通过《中共上海市委关于深入贯彻落实"人民城市人民建，人民城市为人民"重要理念，谱写新时代人民城市新篇章的意见》（以下简称《意见》），对加快建设具有世界影响力的社会主义现代化国际大都市做全面部署。《意见》指出，"城市的核心是人，关键是 12 个字：食衣住行、生老病死、安居乐业"，并提出了人民城市建设"五个人人"的努力方向，即打造人人都有人生出彩机会的城市、打造人人都能有序参与治理的城市、打造人人都能享有品质生活的城市、打造人人都能切实感受温度的城市以及打造人人都能拥有归属认同的城市。要做到这五个"人人"，就是要把"人民城市人民建，人民城市为人民"重要理念体现在全市人民的共同实践和切实感受中，就是要把人民的主体地位、发展要求、作用发挥贯穿于城市工作的全过程和各领域。上海要不断实现"城市，让生活更美好"，其出发点和落脚点，就是要让工作生活在这座城市中的人们更幸福，让全体市民都有获得感、幸福感、安全感。这个目标，值得铆牢。"人民城市"理念一直是上海城市工作中的根本遵循，无论是狠抓"米袋子""菜篮子"工程、攻坚"老、小、旧、远"等难点问题，还是"早餐工程""家门口的公园"等高质量惠民工程，上海始终满怀真情，精准施策，全力攻坚，在细心、耐心、巧心的独特优势下做好绣花功夫，在细节上用力，让人处处感受到动人的城市表情、精致的生活体验。发扬"钉钉子"精神，办好每一项民心工程，不断研究回应群众新需求，打造更加宜业、宜居、宜乐、宜游的美好家园。这体现着上海始终秉承人民至上，坚持以人民为中心的内在质地。

（三）勇立时代潮头，彰显城市治理规律性认识和系统性把握的"人民城市"

"海纳百川，追求卓越，开明睿智，大气谦和"是上海城市精神的表达，同样也代表着上海独特的城市品格。开放、创新、包容的城市品格不仅是上海能够勇立时代潮头的精神动力，也是新时代中国发展进程的生动写照。一方面，上海始终对标国际一流城市发展最高标准，坚持扩大对外开放，在新起点上提升金融中心能级、构筑更开放的产业体系、建设高标准知识产权保护高地、打造进口促进新平台、创建一流营商环境等，以开放促改革、谋发展。另一方面，上海的城市建设不仅追求与国际一流城市对标，更致力于在国际舞台上彰显中国城市建设以人民为中心、将人民置于至高无上地位的社会主义本质，展示中国特色社会主义的蓬勃生机，在公平正义、开放包容、安全有序等各方面真正成为全球城市建设的标杆。中国在全球化进程中的作用日益凸显，而城市作为全球化与现代化的空间表达，必然以其行动的溢出效应对世界发展之大势做出回应。改革开放以来，上海一直是创新发展的排头兵与先行者。无论是浦东新区的划定还是自由贸易区的建立，都是上海领风气之先的生动缩影。近年来，上海主办的中国国际进口博览会在新冠肺炎疫情叠加逆全球化危机中成功举办，不仅上交了一份反映上海城市管理能力、运行能力和辐射能力的满意答卷，更彰显了中国共筑人类命运共同体的大国责任担当。上海需要继续牢固树立全生命周期理念，以智能化为城市"画像""把脉"，探索走出一条符合超大城市特点和规律的治理现代化新路子。勇挑重担、勇立潮头，更好地代表国家参与国际合作与竞争，更好地为全国发展大局服务。以城市精神品格砥砺奋进的力量，坚定卓越的追求，更好地向世界展示中国理念、中国精神、中国道路。坚持激发市民主人翁意识，紧紧依靠人民的智慧和力量建设美好城市，努力打造全过程人民民主最佳实践地。

（四）开创未来之城，彰显社会主义城市化新样态的"人民城市"

城市应该"西方化"还是"本土化"，一直是困扰中国城市规划建设的深层次问题。诚然，西方的城镇化发展相对领先，在诸多探索和实践中为人类提供了城市建设的宝贵财富，但同时也产生了诸如城市贫困、两极分化等一系列问题，呼唤着全球城市建设发展新的机理和规律探索。基于中国特色城市发展理论的人民城市，一方面是对中国特色社会主义发展理念的实践；另一方面更是对中国特色社会主义发展道路的拓宽和创制。2018 年 1 月，《上海市城市总体规划（2017—2035 年)》对上海提出的建设目标定为建设"卓越的全球城市，令人向往的创新之城、人文之城、生态之城，具有世界影响力的社会主义现代化国际大都市"。作为超大城市，上海必须要更好地体现系统治理，率先构建经济治理、社会治理、城市治理统筹推进和有机衔接的治理体系；更好地实现重心下移，把更多力量、服务、管理资源向基层下沉，让基层更有能力、更有活力；更好地强化制度供给，构建系统完备、科学规范、运行有效的制度体系，进一步提高及时性、针对性、集成性；更好地顺应趋势潮流，加强前瞻性、穿透性研究分析，用科学态度、先进理念和专业知识规划、建设、管理城市。习近平总书记在上海明确提出建设人民城市，不仅将人民城市提升到了城市建设的核心地位，进一步阐明了城市建设与社会主义制度应有的内在联系，更是从制度构建的高度，把城市发展的普遍理想与中国特色社会主义城市发展的道路结合起来，体现了建设社会主义现代化城市的新要求，引领了社会主义中国城市新模式的构建。

习近平总书记对上海"人民城市"建设的谆谆嘱托高瞻远瞩，上海近年来对城市治理现代化的探索创新一直在路上。许多政务服务堵点、社会治理痛点、环境治理难点，正在理念创新、制度创新、方式方法创新等层面逐一得到化解。城市变得更聪明了，也更亲民了。

面向未来，上海将"谱写新时代人民城市新篇章"作为使命，开放、创新、包容的上海，正用"人民城市"这把钥匙来智慧解锁，创造新时代的新奇迹。

二、上海践行人民城市理念的时空体现和基本经验

人民城市重要理念高度概括了习近平总书记关于中国特色社会主义现代城市建设、治理与发展的一系列重要论述与思想，从"坚持人民至上""依靠人民建设""实现人民满意""促进统筹协调""强化党的领导"五个基本维度进行系统阐述。科学回答了新时代中国城市建设与发展为了谁、依靠谁，如何评价、如何实现以及由谁领导的重要问题，通过顶层设计引领上海人民城市建设。

2019年11月2日，习近平总书记考察杨浦滨江，充分肯定杨浦将"工业锈带"打造为"生活秀带"的做法，并鲜明提出了"人民城市人民建，人民城市为人民"重要理念。习近平总书记首次在上海提出"人民城市"重要理念，深刻回答了城市建设发展依靠谁、为了谁的根本问题，深刻回答了建设什么样的城市、怎样建设城市的重大命题，集中体现了党的初心使命、性质宗旨，具有重大的理论意义和实践意义，是上海城市发展的根本遵循和行动指南。近几年来，上海作为人民城市重要理念的先行者，在贯彻人民城市重要理念过程中进行了一系列重要探索，在顶层设计的引领下展示出多姿多彩的空间体现并积累了丰富经验。

2020年6月23日，中国共产党上海市第十一届委员会第九次全

体会议坚持以人民为中心的发展思想，审议通过《中共上海市委关于深入贯彻落实"人民城市人民建，人民城市为人民"重要理念，谱写新时代人民城市新篇章的意见》，它是通过顶层设计构建人民城市引领体系的集中体现。《意见》从多个方面规定了上海今后实现人民城市的方向与路径，强调"以共建为根本动力，以共治为重要方式，以共享为最终目的"是对人民城市的科学注解。① 结合《意见》内容梳理上海贯彻人民城市建设过程中取得的成果和探索经验，从政治、经济、社会、生态、民生等多方面规划上海人民城市建设，其中蕴含的时空体现和基本经验不仅是"人民城市"理念在上海的实践检验，也是能够进一步完善并发展人民城市理念进步空间的根本依据。

（一）上海人民城市建设的宗旨：以人民为中心，坚持人民至上

"坚持人民至上"高度凝练了人民城市重要理念的核心要义，闪耀着辩证唯物主义和历史唯物主义的思想光辉，不仅是以人民为中心的发展思想在城市建设领域的升华进阶，更是中国共产党"全心全意为人民服务"根本宗旨在城市建设领域中的集中体现，科学回答了"新时代中国城市建设与发展为了谁"的重要问题。《意见》中强调：切实将人民城市建设的工作要求转化为紧紧依靠人民、不断造福

---

① 《中共上海市委关于深入贯彻落实"人民城市人民建，人民城市为人民"重要理念，谱写新时代人民城市新篇章的意见》，2020 年 6 月 23 日，https://www.shkjdw.gov.cn/c/2020-06-23/523645.shtml。

人民、牢牢植根人民的务实行动。在上海城市发展与建设工作中，贯彻落实"人民城市人民建，人民城市为人民"的重要理念，城市建设与发展目标归根结底是为了满足人民对美好幸福生活的追求。只有紧紧依靠人民、不断造福人民、牢牢植根人民，始终坚持"人民至上""以人民为中心"的发展理念，努力掌握城市发展规律，不断提高领导人民城市建设的能力本领，才能不断完善领导人民城市建设的工作格局。

上海紧密贯彻"以人民为中心"的人民城市重要理念，以人为本扎实推动人民城市建设。上海这座城市的人文关怀不仅体现在各个群体的"民心"里，还蕴藏在处处围绕人民、时时为了人民的具体行动中，从老房改造、早餐工程到"15分钟社区生活圈"，上海通过这些触手可及的行动向市民展现这座人民城市的温度。市民的生活空间更宽广，居住环境更温馨，休闲方式更多元。这些点点滴滴的改变正是来自上海城市治理体系和治理能力现代化的扎实推进，将"发展大手笔"与"民生小确幸"有机结合。大城安居，上海坚持"房子是用来住的、不是用来炒的"定位，着力"稳地价、稳房价、稳预期"；便民就医，数字化赋能寻医问诊，更便捷高效；养老服务，悉心巧思适老化改造，幸福晚年从家开始。从过去到未来，上海始终将"人民至上"镌刻在城市建设、治理的每个细节中，透露出以人为本、求新求变的城市底色。[1]"坚持人民至上"为上海擘画建设具有世界影响力的社会主义现代化国际大都市宏伟蓝图指明方向，并将锚定奋斗目标不断前行。

---

[1] 《将"人民至上"镌刻在城市建设治理中》，《文汇报》2021年11月2日。

（二）上海人民城市建设的主体：发挥人民群众的主体作用

人民群众是人民城市重要理念的主要实践主体。"依靠人民建设"是"坚持人民至上"的必然要求与应有之义，鲜明揭示了人民城市重要理念的基本实践方式。"依靠人民建设"深刻彰显着社会主义社会的政权本色与城市底色，生动回答了"新时代中国城市建设与发展依靠谁"的重要问题。《意见》强调：努力打造人人都有人生出彩机会、人人都能有序参与治理、人人都能享有品质生活、人人都能切实感受温度、人人都能拥有归属认同的城市。众所周知，人民群众是人民城市重要理念的主要实践主体。上海人民城市建设的过程中，紧紧依靠人民推进城市建设，充分激发人民群众的主人翁精神，强化人民群众参与的制度化保障。在城市治理层面上，上海在继承已有的"两级政府三级管理"这一制度安排的基础上，通过整体性的制度创新和机制创新，对市、区、街道以及社区的治理职能进行了科学的配置和规划。尤其是街道层面的变革成为展示中国城市治理政治速度的重要体现。社区工作者队伍体系的构建直接延伸到城市治理末梢的最后一公里。此外，在发挥人民主体作用建设人民城市的过程中，必须统一于党的领导。"强化党的领导"高度明确了建设人民城市的根本政治保障、组织保障，科学回答了"新时代中国城市建设与发展由谁领导"的重要问题。建设人民城市，不仅要发挥人民的主体作用、主人公地位，还必须不断坚持和完善党的领导，充分发挥党在人民城市建设过程中统揽全局、协调各方的领导核心作用。2019年11月，习近平总书记在听取上海市委和市政府工作汇报时指出：

"要履行好党和政府的责任，鼓励和支持企业、群团组织、社会组织积极参与，发挥群众主体作用，调动群众积极性、主动性、创造性，探索建立可持续的运作机制。"① 上海在社区空间治理层面，提供了许多先进的成功经验与治理模式。例如，黄浦区五里桥街道的"三会"制度、虹口区的"全岗通"、杨浦区的"社区规划师"、浦东新区的家门口服务、徐汇区的邻里汇、宝山区的"社区通"等，都是通过社区治理创新构建人民城市支撑体系、做实人民城市"细胞工程"的重要体现。在城市建设与基层治理过程中主动问计于民、问需于民，充分汇聚人民群众的智慧和力量，让人民群众真正成为城市发展的积极参与者、最大受益者、最终评判者。党建引领形成多方合力，在坚持党的领导下，人民群众共同打磨更有活力、更有温度的人民城市。

（三）上海人民城市建设的重点：城市治理与资源配置

坚持人民本位、依靠人民建设、实现人民满意，必然要求在城市建设与发展过程中实现"促进统筹协调"。"促进统筹协调"充分体现了人民城市重要理念的发展导向，是"创新、协调、绿色、开放、共享"新发展理念在城市建设领域中的实践应用，科学回答了"新时代中国城市如何建设与发展"的重要问题。"促进统筹协调"是人民城市重要理念的实践要求，遵循城市建设与发展的客观规律，也是人民城市治理与资源配置的时空体现。上海构建的街道层面的社区事

---

① 《习近平：上海要勇挑最重担子、敢啃最难啃骨头》，《解放日报》2019 年 11 月 4 日。

务受理中心和市、区层面的城市运行管理中心，成为支撑服务体系和管理体系的两根支柱。上海的这一体系既避免了资源的重复投入，又极大限度地提高了数字化转型的服务能力和管理能力，为人民城市的落地生根奠定了坚实的技术保障，能够做到及时发现问题并迅速解决问题，不断提升人民城市治理能力。《意见》强调：以绣花般功夫推进城市精细化管理，确保城市各领域、各环节、各方面运行更顺畅、更高效、更可持续。上海作为人口规模巨大的超大型城市，在城市治理方面加强互联网技术的运用，如政务服务"一网通办"和城市运行"一网统管"，作为上海智慧城市、智慧政府建设的"一体两翼"，是治理数字化的有机组成部分，有力支撑着城市的数字化转型。目前，上海"一网通办"移动端的超级应用"随申办"已经接入教育、公安、民政、人社、卫健、医保等50余个市级部门和16个区的1514个政务服务事项，市民一部手机就能解决许多问题，"一网通办"正让市民的生活变得更便捷、更高效。① 数字政务推动不同部门间的分工协作、职能整合、机制优化，紧密协调城市治理的方方面面。在提升城市治理的过程中，上海还充分发挥国际化大都市的重要地位，把做优做强城市核心功能作为主攻方向，面向全球拓展功能，面向未来塑造功能，面向基础夯实功能。在上海人民城市建设的过程中，不断强化全球资源配置、科技创新策源、高端产业引领、开放枢纽门户"四大功能"。例如，积极推动浦东新区、上海自贸试验区临港新片区、长三角生态绿色一体化发展示范区等试验区的发展。上海打造开放型经济新高地，进一步加大制度型开放力度，不断提升科技创新策

---

① 《上海"一网通办"将为老年人推专版》，《解放日报》2021年1月6日。

源力、创新产业引领力、创新空间承载力、精益服务吸引力、协同创新聚合力，在双创领域取得一系列重大成就。

（四）上海人民城市建设的目标：实现人民满意

坚持人民至上、依靠人民建设，必然要求树立正确的价值基准。"实现人民满意"是人民城市重要理念的基本落脚点，充分体现了城市建设与发展的价值取向与评价标准，科学回答了"新时代中国城市建设与发展成效如何评价"的重要问题。2010年上海举办世博会，提出"城市，让生活更美好"的理念，生动地展现了上海人民城市建设的目标——"实现人民满意"。人民满意价值标准的最突出体现，便是让人民的生活变得更加美好。《意见》强调：以更优的供给满足人民需求，用最好的资源服务人民，提供更多的机遇成就每个人。城市治理过程中出现的矛盾大都源于自下而上的民情传达轨道不畅通，所以政府始终需要坚持问题导向，在深入调研中把握人民群众的真实需求，多多倾听群众的声音，并及时给出反馈。

在基层治理领域，上海聚焦解决群众最期盼、最迫切的"老、小、旧、远"等问题，持续加大攻坚力度，不断提升中心城区功能品质，提升郊区新城宜居度和吸引力，打造人性化城市、人文化气息、人情味生活；在生态领域，建设好"一江一河"，建设好"生活秀带"，让市民更加便捷地获取公共产品、更加舒心地享受宜居生活，把更多公共空间、绿色空间留给人民；在文化领域，着眼满足群众多样化、品质化、个性化需要，提升供给质量和效率。用好用活红色文化、海派文化、江南文化资源，让人们享受更为充实的精神文化生活；在民生领域，上海具有"海纳百川、追求卓越、开明睿智、大气谦和"的城市精神和"开放、创新、包容"的城市品格，创造更多就业机会、创业平台、事业舞台，提供更多的机遇，提供更好的城市服务汇聚人气、集聚人才、凝聚人心，使五湖四海的人们向往这座城市、汇聚到这座城市。① 在人民城市建设过程中，要充分把握人民城市的人本价值，更好地满足人民群众对美好生活的向往，给予人民更多的机会和发展资源，在满足人民物质需要的同时，着眼于满足人民精神需要以及多样化、品质化、个性化需要。人民是根，城市是叶；人民是源，城市是流。根深才能叶茂，源远才能流长。城市越发展，人民就应该越幸福，人民城市建设成果应由人民共享。

《意见》是新时代上海落实人民城市重要理念的宣言书，蕴含着丰富的理论与实践经验，从宏观层面对加快建设具有世界影响力的社会主义现代化国际大都市做出了全面部署。从顶层设计层面引领上海人民城市建设，展现上海贯彻人民城市重要理念的时空体现和基本经验，努力打造人人都有人生出彩机会的城市、人人都能有序参与治理的城市、人人都能享有品质生活的城市、人人都能切实感受温度的城市、人人都能拥有归属认同的城市，展示了人民城市的魅力和活力。

三、上海践行人民城市理念的创新举措和重大意义

上海始终秉持"人民城市人民建、人民城市为人民"的重要理

---

① 《中共上海市委关于深入贯彻落实"人民城市人民建、人民城市为人民"重要理念，谱写新时代人民城市新篇章的意见》，2020 年 6 月 23 日，https://www.shkjdw.gov.cn/c/2020-06-23/523645.shtml。

念，让人本价值融入城市发展的内核，以人民城市重要理念引领创新实践，持续推动高质量发展、创造高品质生活、实现高效能治理，创造出城市发展新奇迹。上海将"人民至上"镌刻进城市肌理，彰显出城市品格和鲜明底色。

（一）激发人民城市的治理活力，实现高效能治理

上海坚决贯彻人民城市重要理念，牢牢把握人民城市的生命体征，从"为人民"中汲取能量、从"靠人民"中获得力量，在党建引领下充分发挥人民群众的主体作用，以为人民群众服务为根本出发点，以人民群众满意为根本落脚点，不断优化治理方式和治理流程、提高治理能力和治理水平，努力实现"一流城市一流治理"，激发城市的治理活力。

第一，人民至上，彰显城市的治理温度。党的二十大报告指出："我们要实现好、维护好、发展好最广大人民根本利益，紧紧抓住人民最关心最直接最现实的利益问题，坚持尽力而为、量力而行，深入群众、深入基层，采取更多惠民生、暖民心举措，着力解决好人民群众急难愁盼问题。"[①] 上海始终贯彻人民城市重要理念，以人民利益为重、以人民期盼为念，民有所呼、我有所应，着力解决人民最关心、最直接、最现实的利益问题，让城市治理效能体现在人民群众获得感、幸福感、安全感的提升上，彰显出城市治理情感温度，让城

---

①　习近平：《高举中国特色社会主义伟大旗帜　为全面建设社会主义现代化国家而团结奋斗——在中国共产党第二十次全国代表大会上的报告》，人民出版社 2022 年版，第 46 页。

市治理迸发出强大的内生动力。为切实增进民生福祉，上海大力建设窗口服务单位和乡镇便民服务中心，保障服务民众"最后一公里"问题，了解群众期盼、反映群众诉求，解决好老百姓的"急难愁盼"。上海始终扭住"老小旧远"、便民就医、交通出行等突出民生难题，完善制度、加大投入、压茬推进，建设 16 项民生工程解决民众生活的难点问题、痛点问题。① 上海在攻坚进程中也不断探索出新：建设综合为老服务中心、推进医养结合政策改革、实行嵌入式养老模式。老年人拥有幸福晚年，后来人就有可期未来。构建托育服务体系，完善学前教育公共服务体系，推进"学龄前儿童善育工程""小学生校内课后服务工程"建设，解决家庭后顾之忧。坚持"留改拆"并举，加强历史风貌保护和旧区改造；此外，"早餐工程""停车难综合治理工程""既有多层住宅加装电梯工程""社区微基建"……种种创新举措的背后是浓浓的民生情怀，体现出城市的治理温度。上海在破解难题中坚持初心、勇担使命，将工作落实到人民群众最关心的问题上，以更大力度为群众办实事、做好事、解难事，彰显出城市温度和人文情怀，推进城市治理迸发出强大的活力。

第二，人民主体，凝聚城市的治理力量。党的二十大报告指出，"基层民主是全过程人民民主的重要体现"，并强调要"健全基层党组织领导的基层群众自治机制，加强基层组织建设，完善基层直接民主制度体系和工作体系，增强城乡社区群众自我管理、自我服务、自

---

① 《推动高质量发展再上新台阶——访上海市委副书记、市长龚正》，《经济日报》2021 年 1 月 13 日。

我教育、自我监督的实效"。① 上海充分贯彻人民城市重要理念，不仅将人民视为城市发展所惠及的对象，更强调人民群众是历史的创造者，充分把握人民群众在社会发展中的主体地位，积极调动人民群众参与社会治理的积极性、主动性、创造性，致力于打造共建共治共享的社会治理共同体。通过做优"党建引领、社会动员、协商共治"的多方参与基层治理格局，上海汇聚人民群众的智慧和力量，充分发挥人民群众的主人翁意识，全面激发社会活力和参与度。通过建立各级人民建议征集办公室，上海将人民建议征集工作下沉到群众"家门口"，通过热线、网络等通道常态化专题性征集，坚持广纳群言、广集众智，打造全覆盖、全时域的人民建议征集网络。② 全市基层立法联系点也已实现 16 个区全覆盖，成为畅通民意反映渠道、丰富民主形式的另一生动实践。③ 上海不断创新问计于民、问需于民、问效于民的方式和载体，将群众的"金点子"转变为城市治理的"金钥匙"，推动结出惠民利民的"金果子"。通过畅通民意表达的渠道、完善民主协商的机制、激发群策群力的行动，上海积极推动群众发表意见、发现问题，让人民群众真正成为城市发展的积极参与者、最大受益者、最终评判者。此外，党建引领下的"三驾马车"建设、黄浦区的"三会"制度、杨浦滨江治理联合会建设等举措也让更多主

① 习近平：《高举中国特色社会主义伟大旗帜　为全面建设社会主义现代化国家而团结奋斗——在中国共产党第二十次全国代表大会上的报告》，人民出版社 2022 年版，第39 页。

② 《映照光荣城市美好未来——从"上海实践"看如何贯彻落实习近平总书记"人民城市"重要理念》，《光明日报》2022 年 1 月 13 日。

③ 《映照光荣城市美好未来——从"上海实践"看如何贯彻落实习近平总书记"人民城市"重要理念》，《光明日报》2022 年 1 月 13 日。

体参与社会治理和建设，形成全区域统筹、多方面联动、各领域融合的社会治理格局。通过充分调动居民、社会组织、企业等各类主体的积极性、主动性和创造性，上海把政治智慧的增长、执政本领的增强深深扎根于人民的创造性实践之中，汇集多方力量形成社会治理的"大合唱"，凝聚起城市的治理合力。

第三，数字赋能，提升城市的治理效能。上海不断推进城市管理科学化、精细化、智能化，让各类资源要素高效配置，让各类主体实现共建共治共享，以系统思维强化整体协同，以更用心、更精细、更科学的全周期管理提升善治水平，不断提升人民群众的获得感、幸福感、安全感。上海主动顺应数字时代新趋势，树立城市生命体有机体理念，通过大数据、云计算、区块链、人工智能等前沿技术推动城市管理手段、管理模式、管理理念创新，提升城市治理体系和治理能力现代化水平，提高城市的治理效能。城市持续推动政务服务"一网通办"、城市运行"一网统管"迭代升级，围绕"高效办成一件事"让城市治理各方面紧密协同，在创新再造中提升效率，在统筹协作中加强融合，以改革提效能、增活力。① 上海以数字化赋能城市治理，抓住智能化这个"牛鼻子"，以绣花般的细心、耐心和卓越心，推进城市精细化管理，分级分类、精准施策，把"精细化"的理念和要求贯穿到城市管理的全过程和各方面，确保城市各领域、各环节、各方面运行更顺畅、更高效、更可持续。例如：通过搭建物联网+社区精细化管理的"社区大脑"、智能交通管理系统、疫情综合监管防控平台、应急指挥系统和智能警务应用平台，提高城市的运转效率，增

---

① 《奋力创造新时代世界级生态岛建设新奇迹，一届区委八次全会举行》，2019 年12 月 26 日，https://m.thepaper.cn/baijiahao_5370366。

加城市的智慧成色。通过深化治理数字化探索，更好地提供制度供给保障，赋予城市这个生命有机体更多智慧与温度，提升人民城市的治理效能。通过探求高效精细治理，筑牢城市运行坚实底蕴，上海力争打造成为最安全、最高效、最便捷的现代化国际大都市。

（二）壮大人民城市的发展动力，推动高质量发展

上海以建设新时代人民城市标杆为引领，坚持创新驱动发展，加快建立现代产业体系，以功能提升引领空间布局优化，实现更高水平开放。始终坚持以人民为中心，聚焦人民群众的需要，合理安排生产、生活、生态空间，走内涵式、集约型、绿色化的高质量发展新路子，提升城市能级和核心竞争力，不断壮大城市的发展动力。

第一，打造卓越城市，增强核心功能。人民城市重要理念是"管总"的思想、"点睛"的论断。功能是发展的基点，产业是发展的根基，在人民城市重要思想的引领下，上海以功能提升引领空间布局优化，建强产业体系、提升城区功能，不断壮大人民城市的发展动力。在空间布局优化上，上海加快形成"中心辐射、两翼齐飞、新城发力、南北转型"空间新格局，提升主城区服务能级和辐射功能，发挥东西两翼的自贸试验区临港新片区、长三角生态绿色一体化发展示范区、虹桥商务区对内对外开放枢纽作用，把上海嘉定、青浦、松江、奉贤、南汇五个新城打造成独立的综合性节点城市，充分推动南北两端的上海宝山、金山功能布局调整和经济结构升级。[①] 在建强产

---

① 《上海市委副书记、市长龚正——创造新奇迹　展现新气象》，《经济日报》2021年5月28日。

业体系上，上海谋定快动、只争朝夕，加快建立现代产业体系，着力提升产业数字化、网络化、智能化发展水平，持续打造代表未来都市经济发展方向的新业态结构。上海在城市发展和建设中促进统筹协调，贯彻落实"创新、协调、绿色、开放、共享"的新发展理念，遵循城市建设和发展的客观规律，合理安排生产、生活、生态空间，高质量推进人民城市建设，让人民更有获得感、更有幸福感、更有安全感。

第二，汇聚活力城市，凸显创新动能。创新是引领发展的第一动力，党的二十大报告指出要"坚持创新在我国现代化建设全局中的核心地位"，并强调"以国家战略需求为导向，集聚力量进行原创性引领性科技攻关，坚决打赢关键核心技术攻坚战"。[1] 上海坚定不移地举创新旗、走创新路、打创新牌，全力提升自主创新能力，完善成果转化服务体系，壮大人民城市的发展动力。通过深入贯彻人民城市重要理念，上海积极培育动能，在创新氛围营造上引领新潮流，在关键核心技术领域突破上跑出加速度，激发城市的创新活力和发展动力。上海着眼于强化科技创新策源功能、高端产业引领功能，坚持创新的核心地位，坚持科技自立自强，坚持"四个面向"：面向世界科技前沿、面向经济主战场、面向国家重大需求、面向人民生命健康，下好"先手棋"、敢闯"无人区"。[2] 上海加快打造国家战略科技力量，加快解决一批"卡脖子"问题，加快发挥企业技术创新主体作

---

① 习近平：《高举中国特色社会主义伟大旗帜　为全面建设社会主义现代化国家而团结奋斗——在中国共产党第二十次全国代表大会上的报告》，人民出版社 2022 年版，第 35 页。

② 《推动高质量发展再上新台阶——访上海市委副书记、市长龚正》，《经济日报》2021 年 1 月 13 日。

用，加快构筑全球高端科技创新人才高地，加快推动长三角科技协同创新，不断激发城市的创新动能，加快向具有全球影响力的科技创新中心进军，引领高质量发展。① 一方面，通过释放城市的创新动能，提升服务能力，充分发挥对促进改革、稳定就业、强化动能的带动作用，以创新引领高质量发展，全面增强辐射引领的核心功能，增强人民群众的获得感。另一方面，创新创业是人民群众实践探索的过程，充分释放人尽其能的创造活力，推进创新创业不断深入，将人民智慧融入城市发展建设中，发挥人民群众的主体作用。

第三，引领国际都市，激发改革开放势能。改革开放是发展进步的活力之源，上海贯彻人民城市重要理念，勇于担最重的"担子"、啃最硬的"骨头"，充分发挥改革开放的突破和先导作用，加快建设更高水平的开放型经济新体制，强化全球资源配置功能，壮大人民城市的发展动力。上海坚持以开放促改革、谋发展、推创新，在世界经济的浪潮中磨砺锻炼，以高水平开放参与国际合作和国际竞争，以优质的营商环境吸引集聚更多跨国公司地区总部和功能型机构，展现出上海开放、创新、包容的城市品格。上海不断提高利用外资的质量和水平，建设国际经济、金融、贸易、航运中心，坚持贸易、投资与产业互动，扩大招商引资，做强对外贸易，拓展合作领域，进一步提高开放型经济发展水平。建设上海自贸试验区临港新片区，加快打造国内大循环中心节点和国内国际双循环战略，打造吸引外资的新高地、外贸高质量发展的新地标和服务贸易发展的加速器。通过举办一年一度的中国国际进口博览会，上海让进博会强大的溢出效应给国内外市

---

① 《推动高质量发展再上新台阶——访上海市委副书记、市长龚正》，《经济日报》2021 年 1 月 13 日。

场打上"强心针",彰显出中国开放包容、共筑人类命运共同体的坚定意志和责任担当。在改革开放中,上海不断壮大城市的发展活力,探索和开拓人民城市建设全新境界,奏响高质量发展的时代强音。

(三)彰显人民城市的宜居魅力,创造高品质生活

在人民城市重要理念的引领下,上海不断厚植"海纳百川、追求卓越、开明睿智、大气谦和"的上海城市精神,营造绿色发展宜人环境、提供精细优质的民生保障、推进城市有机更新,在建设和发展中不断彰显人民城市的宜居魅力,打造魅力上海的高品质生活,让人民群众在城市生活得更方便、更舒心、更美好。

第一,营造绿色发展的宜人环境。党的二十大报告指出,"中国式现代化是人与自然和谐共生的现代化",强调要"坚定不移走生产发展、生活富裕、生态良好的文明发展道路"。① 上海将新发展理念贯彻到规划建设的全过程,以人民为中心坚持绿色低碳发展,加快实施生态惠民工程,加强大气、水、土壤和垃圾等综合治理力度,创造出宜业、宜居、宜乐、宜游的良好环境。一方面,上海精心建设高品质公共空间,下绣花功夫画好"一江一河"的"工笔画",将黄浦江和苏州河中心城区岸线建设为充满活力、特色生态、舒适便捷的高品质滨水开放空间。通过岸线打通和功能提升,上海将公共空间用更好的方式释放给人民群众,让人民群众处处感受到动人的城市表情、精

---

① 习近平:《高举中国特色社会主义伟大旗帜 为全面建设社会主义现代化国家而团结奋斗——在中国共产党第二十次全国代表大会上的报告》,人民出版社 2022 年版,第23页。

致的生活体验。同时，上海积极开展公园绿地建设，将更多绿色空间留给人民，为人民群众营造独特的城市风景线。另一方面，上海积极创建绿色生态城区，将崇明打造成世界级生态岛，牢固树立生态优先、绿色发展的导向，持续改善生态环境质量，巩固提升污染防治成果，打好环境治理"组合拳"；着力推进碳达峰、碳中和，加快建立新建建筑能耗与碳排放限额设计，推进超低能耗建筑示范区建设，让上海的天更蓝、地更绿、水更清，使生态绿色成为城市发展最动人的底色和亮色。不管是生态惠民，还是污染防治，种种为营造绿色家园而做出的创新努力都是上海人民城市建设的生动注脚，蕴藏着上海城市空间的转型密码，展现了上海着力打造出让人民群众生活更舒心、更美好的初心所在。

第二，提供精细优质的民生保障。上海围绕人民群众的"衣食住行、生老病死、安居乐业"不断牢固民生保障网，提供精细的城市管理和良好的公共服务，努力满足人民群众的生产、生活需求，让群众在城市生活得更方便、更舒心、更美好。不管是推进"路、桥、轨、隧、水、电"等基础设施建设，还是"两张网"便民应用，都是上海践行人民城市重要理念的生动实践，目的是惠及整个经济社会肌体的长远健康成长。稳定就业，帮助高校毕业生、失业人员等重点群体实现市场化就业、多渠道就业；保障住房，推进多层次住房供应体系和"租购并举"的住房保障制度，解决新市民、青年人的住房问题；保障养老，设立社区综合养老服务中心、日间照护机构、社区养老顾问点，推进加装电梯等"适老化改造"，让老年人拥有幸福晚年，后来者拥有可期未来；优化医疗资源，加快推进健康上海建设，全方位、全生命周期维护保障市民健康，努力满足市民日益增长的高品质健康服务需求；便捷生活，打造"15分钟社区生活圈"，打造居民家门口的党群站、会客厅、托老所和便民点，让城市生活更便捷。上海以民心工程推动民生工程，着力解决各类民生难点问题、痛点问题，聚力优化高品质公共服务，着力建设美好生活共同体，以更优质的城市管理和公共服务来保障民生，为人民营造更优质的生活环境。

第三，推进城市有机更新。上海坚持走内涵式、集约型、绿色化的高质量发展道路，致力于将更多城市更新区域转化为引领未来、令人向往的绽放地带，以此彰显人民城市的宜居魅力。一方面，上海推进一揽子旧房改造，通过原地留改、拆落地、抽户等方式补充旧房的功能短板，改善群众居住条件。另一方面，坚持"留改拆"并举，深化城市有机更新，在改善老城厢和老房居住条件的同时，保护好上海的历史风貌，传承城市的历史文脉和文化底蕴。通过旧城区改造，更新城市风景，焕发城市的崭新容貌；通过古建筑保护，保存历史文脉，延续城市的生命根脉。让城市在保护性更新中贯彻新发展理念，推动高质量发展，激活历史建筑的活力并将其转化为发展的动力，从而打造高品质生活的场所。经过保护性更新，上海将虹口海鸥饭店、红楼、灰楼等滨江历史建筑打造为具有国际水准的滨水会客厅，将徐汇区黑石公寓转化为时尚新地标，将黄浦区"老市府大楼"转化为高端金融办公和文化公共空间，让静安区张园重新焕发"海上第一名园"新活力。[①] 通过激活城市赋予旧建筑以全新的功能，让城市焕发新活力，打造上海新时代都市发展的新标杆。上海真正做到了敬畏和善待城市生命体，让城市空间、自然与人文和谐共生、融合互动，

---

① 《上海这些年，哪几个变化最打动"魔都"市民？答案令人感动》，2020年6月22日，https://www.shobserver.com/wx/detail.do？id=261651。

让城市真正转变为宜业、宜居、宜乐、宜游的美好家园。

通过一系列创新举措，上海激发城市的治理活力、壮大城市的发展动力、彰显城市的宜居魅力，切实地将"五个人人"的生动愿景落在群众心中，让人民城市重要理念映照出光荣城市的美好未来。让人民城市的建设真正彰显其独特的时代价值，赋予城市以独特魅力和优势，推进上海迈着铿锵有力的步伐大步向前，开创未来。

四、人民城市重要理念的杨浦实践

杨浦见证了上海工业百年的发展历程，是近代民族工业的摇篮。这里孕育了中国近代第一家自来水厂、第一家煤气厂、第一家火力发电厂、第一家纺织厂、第一家煤气厂……然而随着时代变迁，多家老工厂关闭，曾经"工业锈带"留下的诸多厂房旧址，一度被视为杨浦发展的"缺陷"。如今，不少近代遗留老厂房经过改造后成为一个个崭新的多功能立体化空间，从曾经的"工业锈带"变成人民看得见、进得来、待得住的"生活秀带"。杨浦拥有上海中心城区最长的15.5公里滨江岸线，是"世界仅存的最大滨江工业带"。杨浦坚持"后工业、新百年"的理念，以保留为主，先后实施毛麻仓库、明华糖仓等一批历史建筑修缮改造工程。据了解，滨江南段核心区共保留24处、总建筑面积达26.2万平方米的历史建筑和其他大量百年工业遗存。2017年10月，位于杨浦大桥以西2.8公里公共空间贯通开放；2019年9月，杨浦大桥以东2.7公里公共空间贯通开放，打造有文化、有特色、有韵味的近代工业历史文脉，全力创建国家文物保护利用示范区，加快涵芬楼、船厂、船坞等 24 处历史建筑的修缮保护、功能植入，让人们记得住历史、记得住乡愁。在双创领域，杨浦已成为创新创业、产业集聚的热土，不仅助力深化长三角协同创新发展，更在向全国展示"大众创业，万众创新"的强大实力。从"传统工业"到"数字经济"，老工业区杨浦围绕科技创新、城市更新、社会治理等多个关键领域开展先行突破，探索更高质量发展模式。

（一）推进城市有机更新——彰显人民城市的宜居魅力

杨浦区主动谋划、主动作为、主动创新，统筹生产、生活、生态空间布局，加快推进城市有机更新，努力创造宜业、宜居、宜乐、宜游的城区环境，让人民群众有更多的获得感、幸福感和安全感，为人民创造更加美好的幸福生活。

第一，旧区改造全面提速。过去五年中，杨浦加快推进城市更新，累计完成房屋征收 117.9 万平方米，为 4.86 万户旧区居民圆了安居梦，提前一年全面完成成片二级旧里以下房屋改造任务。① 杨浦区委、区政府抓住群众最关心最直接最现实的利益问题，将旧改工作视为最重要的民生和民心工程，致力于改善住房条件，满足居民最急切的期盼。在城区规划建设的各个环节，杨浦区也充分尊重人民群众的主体地位，发挥人民群众的首创精神，将人民群众的智慧融入各项方案。

第二，基础设施显著改善。自 2016 年起，杨浦区围绕"路、桥、

---

① 《历经大战大考　践行初心使命》，《杨浦时报》2022 年 1 月 13 日。

轨、隧、水、电"六大系统,加大补齐基础设施短板的力度,连续5
年实施每年新开工十项、竣工十项的重大基础设施"双十"工程。
形成了"一桥二环三隧四线"的立体交通网络,未来将扩展到"一
桥二环九隧七线";建成大定海、丹东、松潘等排水系统,城区汛期
的水患问题显著改善。① 杨浦区坚持把最好的资源留给人民,高度重
视与人民群众切身利益密切相关的民生事业,推动基础设施建设和社
会事业统筹发展,站稳人民立场,将老百姓满意不满意、生活方便不
方便作为城市工作的重要评判标准,切实保障民生问题。

第三,滨江建设焕然一新。回望过去,杨浦滨江从"工业锈带"
转型为"生活秀带",建设成为充满活力、特色生态、舒适便捷的世
界一流滨水公共开放空间,完成了"还江于民、还岸于民、还景于
民"的郑重承诺。面向未来,杨浦滨江计划进一步提升公共空间、
生态环境、旧区改造和公共服务设施等各个方面,全力打造"世界
级会客厅",建成一批产业载体,集聚一批特色产业,引进一批创新
人才,吸引国内外龙头企业落地,初步建成人民城市建设示范区。通
过推进全域转型升级、产城融合发展、生态宜居宜业,杨浦区坚持走
内涵式、集约型、绿色化的高质量发展道路,致力于把更多的城市更
新区域转化为引领未来、令人向往的绽放地带,彰显人民城市的宜居
魅力。

杨浦区在实践中始终践行人民城市重要理念,集中全部精力、用
足全部智慧,充分发挥杨浦的战略机遇优势、高校集聚优势、空间载
体优势、双创品牌优势,壮大人民城市的发展动力、激发人民城市的

---

① 《上海"创新杨浦"将用三年打造人民城市示范区》,2020年8月30日,https://
baijiahao.baidu.com/s? id=1676514224893790530&wfr=spider&for=pc。

治理活力、彰显人民城市的宜居魅力,让"五个人人"美好愿景不断变为生动图景,为开创人民城市建设新局面做出新贡献。

(二) 全面推进数字化转型——践行人民城市重要理念的重要抓手

推进数字化转型是践行人民城市重要理念的重要抓手。近年来,杨浦持续强化核心功能,加快推进数字化转型步伐,力争打造成为上海城市数字化转型的产业首选地、人才蓄水池、业态创新炉、集成应用场和制度先行区。[①] 通过统筹推进经济、生活、治理三大领域数字化转型,杨浦区尝试走出一条高质量发展、高品质生活、高水平治理的发展新路,打造出更富魅力、更具活力、更有实力的创新杨浦。

第一,推进经济数字化转型,促进高质量发展,提升人民群众的获得感。杨浦区的发展新动能培育已经取得了显著成效,数字经济发展动能强劲迸发,以哔哩哔哩、达达集团、优刻得、声网科技为代表的行业领军企业逆势飞扬。截至 2020 年底,规模以上服务业营收累计达 1114.17 亿元,增速居中心城区第一。[②]

第二,推进生活数字化转型,引领高品质生活,提升人民群众的幸福感。杨浦区积极推动数字社区应用多样化建设,建立教育共享互动信息服务平台,打造智慧商圈综合服务系统,促进数字公共服务体

---

① 《打造上海数字化转型示范区!杨浦发布全面推进城市数字化转型行动方案》,《新民晚报》2021 年 4 月 15 日。

② 《杨浦区召开城市数字化转型推进大会,助推城市数字化转型高质量发展》,《中国日报》2021 年 4 月 15 日。

系日益完善，将以人为本的理念贯穿到生活数字化转型的全过程、各领域，以人民需求为导向，更好地满足人民群众对美好生活的向往。

第三，推进治理数字化转型，保障高水平治理，提升人民群众的安全感。杨浦区积极推动构建物联网+社区精细化管理的"社区大脑"、智能交通管理系统、疫情综合监管防控平台、应急指挥系统和智能警务应用平台等，让城市治理更便捷、更有序、更安全，推进人民中心的理念融入并主导城市治理体系，提高城市治理能力，推动构建城市现代化治理新格局。

杨浦区主动顺应和把握数字化时代带来的新趋势和新要求，通过统筹推进经济、生活、治理等各个领域的数字化转型，整体、全面、协调地实现高质量发展、高品质生活和高水平治理的融通融合、互促共进，从生产、生活、环境等各个方面提升人民群众的获得感、幸福感和安全感。杨浦区正是因为拥有人本价值融入城市发展的内核，才能让人民群众在城市生活得更方便、更舒心、更美好。

（三）提升基层社区治理，激活城市公共空间

杨浦发展与建设始终秉承人民城市重要理念，处处围绕人、时时为了人，在丰富基层社区治理内容、提升社区治理品质的同时，让治理更加精细化。从而更好地满足人民群众对美好生活的向往，将杨浦滨江打造成高品质公共开放空间。在提升基层社会治理层面，杨浦区组建滨江党建联盟，推动滨江社会治理、城市管理和公共服务更加高效；推进区级党建服务中心和滨江党群服务站建设，打造珠链式分布、综合性功能、属地化管理服务体系，并共建区校党员志愿服务实

践基地，弘扬滨江新风尚。目前，杨浦滨江治理联合会已正式建成，以企业为主体参与滨江的治理和建设，广泛动员区域内各方主体，探索滨江城市治理的有益方式、方法，推动联合会成员单位自我约束、自我管理，形成全区域统筹、多方面联动、各领域融合的社会治理格局。此外，人民建议征集站也在杨浦滨江率先设立，征集站就杨浦滨江的开发建设管理，主动问计于民、问需于民，充分汇聚人民群众的智慧和力量，让人民群众真正成为城市发展的积极参与者、最大受益者、最终评判者。在激活城市公共空间层面，杨浦区聚焦打造绿色生态城区，围绕杨浦大桥、复兴岛、共青森林公园等重点区域，争创市级公园城市示范区；开展公共空间历史保护建筑修缮和利用，加快推动滨江区域历史文化资源全面开放等。同时，为了满足居民群众改善居住环境的迫切需求，社区规划师已成为杨浦社区更新、社区治理的一张名片，社区规划师和社区政工师、社区健康师、社区党建顾问、社区治理顾问、社区法律顾问一起，形成了杨浦首创的"三师三顾问"制度。[1] 提升基层社区治理与激活城市公共空间紧密结合，形成多方合力，共同打磨更有活力、更有温度的杨浦滨江，城市归根结底是人民的城市、老百姓的幸福乐园。

（四）从闲置厂房到世界级创谷——开发工业遗存的生动实践

长阳创谷其前身是日商建于 1920 年的东华纱厂，1945 年由中国

---

[1] 《杨浦滨江争创人民城市建设示范区三年行动计划发布》，2020 年 6 月 30 日，https://www.thepaper.cn/newsDetail_forward_8063422。

纺织机械公司接收，生产丰田式织布机。1952 年改为纺织机械厂，曾为中国近代纺织工业做出了不可磨灭的贡献。2000 年前后停产关闭，常年闲置，至 2014 年，杨浦区委区政府对该处老旧厂房进行改造，保留部分建筑，同时对内部进行全面整修，并启动招商引资，使其蜕变为"长阳创谷"。精巧的设计、优质的营商环境吸引了"流利说"等多家科创企业入驻其中，扎根筑梦。近年来，长阳创谷的发展越发引人关注。2018 年 4 月，李克强总理考察长阳创谷，提出要充分发掘人才人力资源，打造双创"升级版"和"世界级创谷"。2019 年 6 月，长阳创谷挂牌人工智能应用试点园区，成为拥有超百个应用场景、上海中心城区首个聚焦企业全生命周期的"AI+"产业园。2021 年 1 月，"长阳秀带"在线新经济生态园正式揭牌，未来这里将形成新一轮产业发展，标志着上海正式启动建设以"在线新经济"为特色的世界级创新地标。在杨浦，成片老厂房"腾笼换鸟"，从工业大厂林立走向科技"大厂"云集。① 例如，B 站全国总部入驻杨浦、在线新经济领军企业美团将上海总部基地落户杨浦滨江沿岸、字节跳动在尚浦中心签约租地。截至 2021 年 1 月，区内在线新经济企业已有 561 家，创造总产值接近 700 亿元。计划到 2025 年，杨浦总计引进、培育、发展 30 家以上在线新经济头部企业，3000 家以上在线新经济创新型企业，产业规模超过 3000 亿元，建设成为全国领先的在线新经济创业基地和发展高地。

---

① 《转型：从"传统工业"到"数字经济"》，2021 年 10 月 26 日，http://sh.people.com.cn/n2/2021/1026/c134768-34974923.html。

（五）发挥"双创"品牌优势——加快提升城区核心功能

杨浦曾经是近代民族工业的发祥地。21世纪以来，杨浦成功实现了从"工业杨浦"到"知识杨浦"再到"创新杨浦"的转型升级，先后被确定为上海科创中心重要承载区、国家双创示范基地、国家创新型城区，并成为全国唯一连续四年被国务院表彰的区域双创示范基地和全国首批、上海唯一的"科创中国"试点城区。① 杨浦不断深化"三区联动""三城融合"的发展理念，积极搭建政府平台，提供适当的政策资金支持，做好、做优、做深相关服务，推进"双创"工作不断走向深入。一方面，杨浦加快实施优化创新创业营商环境，深化"放管服"改革，畅通"双创"企业生命周期全流程，着力打造国际一流创新创业生态系统。另一方面，杨浦持续推进科技创新和科技成果转化，不断推动区校企联动、推动科技产业集聚、健全科技成果转化集中机制。② 杨浦以创新引领高质量发展，持续实施创新驱动发展和长三角一体化发展两大国家战略，持续增强区域核心竞争力和经济发展新动能，实现更充分、更高质量就业，持续营造国际一流、宜居宜业宜创的创新创业生态。一方面，杨浦区不断释放创新创业主体活力、提升服务能级，健全融通联动机制，充分发挥双创示范基地对于促进改革、稳定就业、强化动能的带动作用，以创新引领高质量发展，全面增强辐射引领的核心功能，增强人民群众的获得感。

---

① 《上海杨浦打造"人民城市"新家园》，《经济日报》2020年11月13日。
② 《全国唯一连续四年，上海杨浦国家双创示范基地为何被表彰？》，2020年6月30日，http://sh.people.com.cn/n2/2020/0603/c134768-34061928.html。

另一方面，创新创业是人民群众实践探索的过程，杨浦充分尊重人民群众的主体地位，充分释放人尽其能的创造活力，推进创新创业不断深入，将人民智慧融入城市发展建设中。践行人民城市重要理念是杨浦在更高起点、更深层次、更宽领域、更大格局上加快推进创新转型发展的重大战略机遇。杨浦要充分发挥双创品牌优势，加快提升城区能级和核心竞争力，为人民城市建设开创新局面。

第 五 章

新时代中国特色现代化城市的发展经验

　　始终贯穿人民城市理念是社会主义现代化城市建设和发展中最重要的一条经验。必须把"以人民为中心"贯穿于城市工作全过程和各方面，统筹推进疫情防控和城市治理现代化，在探索新时代人民城市建设发展的新路径过程中准确把握人民城市建设发展的新路径，积极探索新时代人民城市的治理新路。上海作为新时代建设人民城市的先行探索，在贯彻人民城市理念方面已展示出多姿多彩的空间体现并积累了丰富经验。

一、贯彻落实人民城市理念的基本遵循

　　党的十九届六中全会公报指出，坚持人民至上是百年来中国共产党领导人民进行伟大奋斗所积累的宝贵历史经验之一，其深刻揭示了百年大党风华正茂的根本密码。始终坚持人民至上的价值取向，作为指导城市建设与治理的人民城市重要理念背后的底层逻辑，作为对中国共产党近百年城市工作经验的高度总结，作为新时代城市建设与治理工作实践基点，是新时代贯彻人民城市重要理念的基本遵循。

（一）始终坚持人民至上的价值取向

1. 对马克思恩格斯城市思想的深刻提炼

基于马克思恩格斯最初对于城市产生原因的考察，城乡之开始分离是从向私有制社会的过渡，以农民进城转变为产业工人为标志开始的。因此，在马克思恩格斯城市思想的视角下，城市作为其批判对象在形成伊始就携带了私有制社会的异化特征："从一开始就显现开放与奴役、自由与强制两种取向。"① 资本主义的政治制度及经济基础的性质导致的城乡对立使城市只为少数人、为统治阶级服务，其发展成果也只为少数人所享有，其应有的促进人之解放，为人服务的城市功能未能得到全面发挥，反而一定程度上成为统治阶级奴役人、压迫人和剥削人的空间工具，成为统治阶级权力运作的抓手，异化了工人阶级的生命和生活。在批判资本主义生产条件大背景下城市建设遵循资本逻辑的基础上，马克思恩格斯认为，城市的解放和进步性只有在推翻资本主义制度的前提下才能够真正体现。而强调城市工作中人民至上的根本价值取向，则是对马克思恩格斯城市思想的深刻提炼，是新时代背景下研究视角的适时转向。就此而言，贯彻人民城市重要理念只有在始终坚持人民至上价值取向的意义上，才能够真正从源头上规避马克思恩格斯曾经批判的道路，是对马克思恩格斯关于城市发展凸显人民维度的集中体现和伟大实践。

---

① 刘易斯·芒福德：《城市发展史——起源、演变与前景》，宋俊岭、宋一然译，上海三联书店 2005 年版，第 568 页。

2. 对中国共产党近百年城市工作经验的高度总结

我国之所以能够这么快实现从乡土中国到城市中国的阶段性转变，其重要原因就是在我国城市建设过程中始终坚持人民至上的价值取向。从农村进入城市伊始，中国共产党就明确了城市的人民属性。对于应当如何正确看待城市和城市工作的问题，毛泽东在 1948 年 4 月 8 日起草的党内指示中首次提出"城市已经属于人民，一切应该以城市由人民自己负责管理的精神为出发点"①。作为城市建设的先行者，陈毅曾经指出："上海已由一个依靠帝国主义经济而生存的重要城市，改变为不依赖帝国主义而独立发展的城市；上海已不是为帝国主义、反动势力服务的城市，而转变成为人民、为生产服务的城市；上海已大大清除了帝国主义及其走狗所遗留下来的污毒，开始走上正常而健康的发展道路，这是最值得纪念、最值得祝贺的！"② 此后，新中国以城市为主题实施了一系列改造资本主义的政策，解决了"城市属于谁"的根本问题。此后，受苏联模式的影响，城市发展一定程度上迎来了如人口减少、生产凋敝、城乡分化加剧、人民物质和精神生活窘迫与穷困的局面。直至改革开放以来把"人民拥不拥护、赞不赞成、高不高兴、答不答应作为衡量改革和一切事业的根本标准"，改变了机械学习和照搬苏联如计划经济体制和户籍管理制度的僵硬模式。新时代以来，从党的十八大提出以人民对美好生活的向往作为根本的奋斗目标，再到中央城市工作会议明确提出人民城市的理念，都是中国共产党在不同时代背景下在城市工作上对人民至上根本价值取向的百年承袭。作为对中国共产党近百年城市工作经验的高度

---

① 《毛泽东选集》第 4 卷，人民出版社 1991 年版，第 1324 页。
② 《陈毅年谱》（下），人民出版社 1995 年版，第 638 页。

总结，必须在新时代贯彻人民城市重要理念的工作中始终坚持人民至上的价值取向，继承与发扬中国共产党人在城市工作中的初心与理想。

3. 新时代城市建设与治理工作的实践基点

习近平总书记指出："做好城市工作，要顺应城市工作新形势、改革发展新要求、人民群众新期待，坚持以人民为中心的发展思想，坚持人民城市为人民，这是我们操作好城市工作的出发点和落脚点。"[①] 虽然中国的城市建设与治理工作已经取得了一定的成绩，但需要指出的是，目前人民城市建设及治理的过程中仍然存在着许多问题、风险与挑战，与高速城市化进程伴生的公共卫生、交通拥堵、人口老龄化等"城市病"问题影响着人民的幸福感和获得感。城市是人类从自身生存发展的需要出发，以自然为基础创造的空间载体。作为新时代城市建设的新理念，人民城市重要理念体现的是城市建设与人自我建设的统一，其背后是城市建设规律与人的发展规律的和合，这是人民城市重要理念与其他城市发展理念于特征上的根本分野，也是中国为解决新时代城市建设与治理工作中可能出现问题提供的城市理想形态设计，是坚持和完善中国特色社会主义制度的重要创新成果。党的十九届六中全会通过的《中共中央关于党的百年奋斗重大成就和历史经验的决议》中，将坚持人民至上作为我们党百年来积累的宝贵的历史经验之一。人民城市重要理念生成背后的底层逻辑也正是中国共产党始终如一的人民至上价值取向，其中城市与人民的角色不是机械的，而是有机共生的，只有继续以人民至上为贯彻人民城

---

① 《十八大以来重要文献选编》（下），中央文献出版社 2018 年版，第 78 页。

市重要理念的基本遵循，才能够在新时代城市建设与治理工作的实践进程中将人民民主的治国理念贯彻落实到城市治理的全方位和全过程，将人民置于城市治理的主体位置，将人民参与作为城市建设发展的出发点，将满足人民对城市美好生活的需要作为城市建设和城市治理的根本点，实现人民至上价值取向和城市建设与城市治理全过程管理的有机结合。

（二）深入挖掘中华优秀传统文化的城市人文资源

与发达西方资本主义国家所走过的现代化发展道路相比，中国社会并不是单线从工业化走向城市化的，而是在从农业社会走向工业社会的转型过程中跳跃式地进入了城市化。习近平总书记也指出："我国五千多年的悠久文明，城市是一个主要载体……我们要借鉴国外城市建设有益的经验，但不能丢掉了中华优秀传统文化。"[①] 一方面，在快速的城市化进程中，在城市发展战略上该何去何从，特别是如何处理城市的"西方化"和"中国化"的矛盾，一直是一个困扰中国城市的深层次问题。另一方面，在完成了城市基础设施建设，满足了人民对于美好生活基本需求的基础上，"城市病"也在阻碍着各大城市的发展进程。在传统文化与现代文明相互交融的当下，文化作为城市的灵魂，在塑造城市精神、增强城市文化认同等方面起着重要作用。作为指导思想的习近平新时代中国特色社会主义思想是当代中国马克思主义、21 世纪马克思主义，更是中华文化和中国精神的时代

---

① 《十八大以来重要文献选编》（下），中央文献出版社 2018 年版，第 87 页。

精华，只有在新时代更好地挖掘并运用中华优秀传统文化的城市人文资源，才能够使城市建设行稳致远，焕发内生活力，迎接未来的一系列挑战。

1. 将中华优秀传统文化作为应对新时代城市问题的着眼点

当前，我国城市化进程已经进入高速发展轨道，城市建设过程中所面临的"城市病"有其深层次的文化因素。以"逃离北上广"和"大城市伪幸福"为代表，不是城市的道路不够宽，不是城市的建筑不够漂亮，不是城市的商业和服务不够发达，而是这些城市建设成果并未能够给人民群众带来真正的幸福和满足，这是网络空间出现的对城市质疑、抨击乃至诋毁言论增多的根源，这种现象在新时代有了一个新名词，即"城市文化病"。[①] 事实上，包括"城市文化病"的"城市病"正在成为影响和制约我国城市发展的主要矛盾。"如果说，快速的城市化进程是我国'城市病'产生和集中爆发的直接原因，那么也可以说，城市发展定位的'雷同'和发展战略的'惊人相似'则是引发各种'城市病'的重要根源之一。"[②] 我国曾经对近两百个城市提出建设国际化大都市的战略要求，同时在现实条件的催化下，于发展战略上不约而同地选择了经济型的城市化模式，其同质化是我国城市出现规模失控、结构失衡与功能失调的原因，也是我国历史悠久、形态丰富、特色鲜明、区域有显著差别的传统城市生活方式迅速消失的原因。城市的本质不仅在于提供使人生活安全、健康的场所，

---

① 《中国城市发展的深层问题与文化自觉——刘士林教授在上海交通大学的讲稿》，《文汇报》2011 年 8 月 8 日。

② 刘士林：《特色文化城市与中国城市化的战略转型》，《天津社会科学》2013 年第 1 期。

更是为人提供快乐、自由与意义感的空间，随着现代出现"城市病"问题意识的倒逼，人们逐渐意识到城市文化功能作为城市本质意义的存在，而中华优秀传统文化正是在当下能够重建并修复城市文化功能，解决当代城市文化的同质化与去本土化两个问题的中国独有的珍贵资产。新时代背景下，城市的现代化建设涉及政治、经济、生态、文化等多个领域，文化资源与文化产业在消费社会中正在成为推动城市发展的重要生产要素，中华优秀传统文化背后则是可待挖掘的能够起到统领性、决定性、根本性作用的解决方案。

2. 以中华优秀传统文化激活城市建设的内生动力

城市的概念内核中不仅仅包含着地域划分，更是政治生态、精神文明、文化气质等软实力的有机统一。中央城市工作会议首先指出："城市要结合自己的历史传承、区域文化、时代要求，打造自己的城市精神，对外树立形象，对内凝聚人心。"[1]"中国之治"的文化根基是马克思主义基本理论和中国特色社会主义文化，而后者包括一脉相承的中华优秀传统文化、革命文化和社会主义先进文化，三者交织于中国特色社会主义伟大实践，是紧密团结全国各族人民的强大凝聚力。而这也是中华优秀传统文化能够激活城市建设内生动力的根本原因。每个城市由于其历史文化、地理位置及经济发展水平的不同，也会呈现出多样的城市文化内容及其形式，而中华优秀传统文化则是聚合中国各大城市建设发展的根本抓手所在。如对我国古代"天人合一""因天材、就地利"等城市思想精髓和建筑文化传统的继承和发扬，能够激发出中国人对于集体和地域的强烈归属感，在引导践行文

---

① 《中央城市工作会议在北京举行》，《人民日报》2015 年 12 月 23 日。

化自觉、增强城市文化的认同感和归属感，凝聚共建向心力，提升城市建设水平等意义上起到激活内生动力的重要作用。只有充分重视作为中国人生命底色的中华优秀传统文化，并努力推进其创造性转化、创新性发展之进程，使中华优秀传统文化厚植城市建设文化沃土，才能够增强广大人民的政治认同、思想认同、文化认同和情感认同，为城市规划减少阻力，为城市建设提供方案，为城市发展凝聚民力，为每个城市以中华优秀传统文化为支撑的独特城市建设提供深厚支撑。

3. 以中华优秀传统文化助力中国特色社会主义城市建设

在城市这个复杂的有机体中，城市特色是一个城市最重要的文化资源，也是能够体现城市文化功能的最直观表现。中国特色社会主义城市背后一是以城市历史空间、传统建筑形态等为代表的城市物质文化遗产，一是以不同城市生活方式、市民精神品质、语言文化风俗、审美趣味和审美气质为代表的城市非物质文化遗产。只有这两种城市物质文化遗产和非物质文化遗产两相结合，才能够真正在构建城市特有内部认同体系的基础上构成与其他城市形成鲜明区分的中国特色社会主义城市外在。目前，在城市文化品牌建设的过程中，未来真正放弃相互抄袭、相互克隆的思路，让中国特色社会主义城市建设能够彼此区分，且能够在国际舞台上成为其他国家反过来借鉴和学习的对象，其出路就在于中华优秀传统文化的宝贵矿藏。在北京考察时，习近平总书记就建设首善之区提出："历史文化是城市的灵魂，要像爱惜自己的生命一样保护好城市历史文化遗产，丰富的历史文化遗产是一张金名片。"并高度肯定了玉河河道恢复，四合院复建的情况。千年古村、红色热土、民间文化艺术之乡……中国悠长的历史下蕴藏着优秀传统文化瑰宝，在经济全球化与中国城市化建设迅猛发展的背景下，需为我国文化城市建设找到现实的切入点，以中华优秀传统文化为依托，探索和走出一条中国特色社会主义城市的建设新路。

（三）吸收借鉴国内外现代城市发展的先进理念

上承全面建成小康社会，下启现代化强国新征程，城市生产生活的安全保障和高质量生产，越来越走到人们视野的中心地位。经济社会所处的不同发展阶段对于城市发展制度设计的选择具有重大影响。对应工业化和城市化的快速发展转型期，需继续统筹我国新型城市体系下的绿色城市、智慧城市、人文城市、创新城市、紧凑城市建设，在人口、空间组织方式、生产生活方式、交通网络组织、城乡关系、生态环境、政府管理方式等方面，创新开展以满足人民群众日益增长的美好生活新需要为根本目标的人民城市重要理念下的政策设计，并探索形成更加成熟的人民城市制度体系，以城市为先行点，从国家和地方政府的角度提出能够推动区域和城市发展模式转型的政策与建议。

从世界现代化的进程来看，发达国家的城市化进程大体上可以分为两个时期，第一个时期以"集中化"作为特征，表现为工业和人口持续的、大规模的集中。第二个时期则以"分散化"为特征，表现为城市人口增长的停滞，人口和产业不断完善的趋势。目前中国大部分城市仍处在第一个时期，而由于城市间发展也存在相对不平衡的情况，如上海等城市先行展现出进入第二个时期的趋势，借鉴对应两个时期的城市发展模式理论均具有一定的现实意义。在历史梳理的过程中，"新城市主义"，主要指的是20世纪90年代以后在西方国家兴起并具有重大影响的规划理论和思想运动，是继马克思之后具有代表性的对世界城市规划产生了影响的西方城市主张。其认为，有关城市病问题产生的背后"固然有着更广阔复杂的背景因素，但都可以直接或间接地归咎到'二战'之后几十年来郊区无序蔓延这种增长方式，而错误的政策及不合理的规划设计思维是导致无序蔓延的症结所在"①。在此前提下，新城市主义者提出了三点主要主张，即重视区域规划，强调从区域整体的高度看待和解决问题；以人为中心，强调建设环境的宜人性和面向人类社会生活的支持性；尊重历史与自然，强调规划设计与自然、人文、历史环境的和谐性，试图重建宜人的城市家园。西方如新城市主义的设计实践具有区域规划紧凑、适宜步行、功能复合、可支付性及珍视环境的基本特点，对于中国城市的建设规划具有一定的可借鉴性。紧凑城市理论，即避免农村以及小城镇住宅开发区的大面积扩展及零星的、小型新居民区的开发，鼓励环境、社会和经济的三方面城市规划都在组合不低于现有密度的标准下开展；生态城市与低碳型城市，即倡议人类向自然生态系统学习，建立资源节约型、环境友好型社会，鼓励和推行可持续发展型设计，使资源能够得到最大限度的回收利用；智慧城市，以一种更加智慧的方法通过利用以互联网、云计算等为核心的新一代信息技术来改变政府、企业和人们相互交往的方式，对于包括民生、环保、公共安全、城市服务、工商业活动在内的各种需求做出快速、智能的响应，提高城市运行效率等国内外学者有关城市的创新理论均已包含并纳于中国的新型城市体系中，在习近平新时代中国特色社会主义思想的统筹下

---

①　王慧：《新城市主义的理念与实践、理想与现实》，《国外城市规划》2002年第3期。

指导着中国的城市建设实践。而正如在科学发展观的指导下运用城市社会学研究视角首次创新提出的循环经济型城市理论对接的是当时和谐社会的国家发展战略①，人民城市是当下中国特色社会主义城市发展道路的重大理论命题，作为一个新提出的，为中国特色社会主义城市发展道路提供最核心和最根本支撑的城市发展理念，其更应该是国内外新型城市化建设理论经验与实践经验的双重逻辑升华与理论结晶。

事实上，深入挖掘中华优秀传统文化的观点与吸收借鉴国内外现代城市发展的先进理念并不相悖，同时，"西方化"和"中国化"的矛盾背后的解决方案或可依托谨慎对待的实践态度及一切以是否适合中国城市市情的原则来决定。在吸收借鉴之前，需深入分析一种城市思想理论、概念、研究方法的提出背景、假设条件、运用范围，在此原则下，如未被纳入新型城市体系的"景观城市""创意城市""卫星城市""城市复兴""精明增长""公共交通为导向的土地利用"等理论观点在新时代也仍然具有其启发式的积极意义。

二、贯彻落实人民城市理念的实践方略

党的十八届三中全会提出全面深化改革的总目标是完善和发展中国特色社会主义制度，推进国家治理体系和治理能力的现代化。党的十九届四中全会审议通过的决议更是进一步提出了要把我国制度优势

---

① 参见许光清：《城市可持续发展理论研究综述》，《教学与研究》2006 年第 7 期。

更好地转化为国家治理效能。党的二十大报告充分肯定了我国全面深化改革的勇气与成绩，指出"中国特色社会主义制度更加成熟更加定型，国家治理体系和治理能力现代化水平显著提高"。① 处于向第二个百年目标奋进的新时代赶考之路上，国家治理能力的提高是尽快实现社会主义现代化强国目标的助推剂。在这其中，城市治理是一项重要命题。

（一）人民城市治理结构设计

习近平总书记在浦东开发开放 30 周年庆祝大会上指出："提高城市治理现代化水平，开创人民城市建设新局面。人民城市人民建、人民城市为人民。城市是人集中生活的地方，城市建设必须把让人民宜居安居放在首位，把最好的资源留给人民。要坚持广大人民群众在城市建设和发展中的主体地位，探索具有中国特色、体现时代特征、彰显我国社会主义制度优势的超大城市发展之路。要提高城市治理水平，推动治理手段、治理模式、治理理念创新，加快建设智慧城市，率先构建经济治理、社会治理、城市治理统筹推进和有机衔接的治理体系。"② 因此，在贯彻人民城市重要理念的实践方略中，首先要做好人民城市治理结构设计。

把握人民城市治理的工作导向。党的十九大报告指出，中国特色

---

① 习近平：《高举中国特色社会主义伟大旗帜　为全面建设社会主义现代化国家而团结奋斗——在中国共产党第二十次全国代表大会上的报告》，人民出版社 2022 年版，第 9 页。

② 习近平：《论把握新发展阶段、贯彻新发展理念、构建新发展格局》，中央文献出版社 2021 年版，第 437 页。

社会主义进入新时代，我国社会主要矛盾已经转化为人民日益增长的美好生活需要和不平衡不充分的发展之间的矛盾。社会主要矛盾的变化意味着满足人民对美好生活的需要已经成为城市治理的工作导向。针对城市建设中的"官僚主义""形式主义"等，以及公共资源配置中一直存在的"你提供的群众不需要，群众需要的你提供不了"等痼疾，是人民城市治理中需要着力解决的问题。当代中国城市治理，就是党带领并依靠人民群众推进国家治理体系和治理能力的现代化。必须坚持群众路线，发挥人民主体力量，形成全民建设城市、全民治理城市的新格局。城市是为人而存在的，也是为人而发展的，城市建设和治理因人的存在和发展，才有意义和价值，离开了人和人民，城市就是一种空洞的外壳，就是一座没有灵魂的物城，就是用一堆堆物砌起来的钢筋水泥。也就是说，在城市建设和治理问题上，必须树立以人民为中心的城市发展观，把满足人民对美好生活的向往看作城市建设和治理的目标，要把人民当作城市建设和治理的主体。

坚持人民城市治理的建设路径。人民城市治理应坚持"一尊重五统筹"的基本方略。"一个尊重"，即尊重城市发展规律。城市发展是一个自然历史过程，有其自身规律，应在充分尊重自然规律的基础上发挥治理的主观能动性。"五个统筹"，即统筹空间、规模、产业三大结构，提高城市工作全局性；统筹规划、建设、管理三大环节，提高城市工作的系统性；统筹改革、科技、文化三大动力，提高城市发展持续性；统筹生产、生活、生态三大布局，提高城市发展的宜居性；统筹政府、社会、市民三大主体，提高各方推动城市发展的积极性。"五个统筹"涵盖了城市治理结构的各个方面，将人民城市建设发展的多维需要统一于具体实践中。同时，推进国家治理体系和治理能力的现代化要求实现城市治理现代化。只有转变城市发展方式，着力解决现存的"城市病"等突出问题，才能不断完善城市治理体系，提高城市治理能力，不断提升城市环境质量、人民生活质量、城市竞争力，建设和谐宜居、富有活力、各具特色的现代化城市，走出一条中国特色城市发展道路。

制定人民城市治理的长远规划。从新中国成立以来城市建设与发展历程来看，并不是一帆风顺的。改革开放后，尤其是进入中国特色社会主义新时代，中国凭借高速增长的城市规模、繁荣发展的城市经济、日趋完善的城市功能，不断书写着人类城镇化进程史上的奇迹。然而，在快速的城镇化进程中，过去也走过不少弯路，其中最突出的是城市规划建设的"洋大怪"等问题，严重违背了"城市是人民的城市，人民城市为人民"的宗旨。同时，在城市发展战略上何去何从，特别是如何处理城市的"西方化"和"中国化"的矛盾，一直是一个困扰中国城市的深层次问题。现在已经不是遇到一个问题再去解决一个问题的阶段了，当前人民城市治理结构的设计，不仅要着力解决现在存在的"可见"问题，更要向远看、向下沉，在总结七十多年城镇化进程经验的基础上把握全局。因此，想要在新时代延续中国城镇化的奇迹，要做好城市现代化治理体系建设的长远战略规划，提升社会主义现代化城市的核心功能和发展能级，有针对性地出台相关的政策文件，为城市病的系统治理、依法治理、源头治理提供理论指导和经验支持，彰显人民城市为人民的本质属性和力量。

在以满足人民对美好生活的追求为目标的治理导向下，落实治理工作中的各项基本原则，并以高瞻远瞩的战略思维拓宽治理结构的外延。总之，践行人民城市重要理念要做好人民城市治理结构设计，要坚持以习近平新时代中国特色社会主义思想为指导，深入宣传阐释和贯彻践行人民城市重要理念，把群众的向往作为治理的方向，把群众的需求作为治理的追求，把群众的痛点作为治理的重点，把群众的感受作为检验治理成效的标尺，让人民群众在提升城市治理能力与治理水平的创新探索中真正得益受惠。

（二）人民城市公共政策设计

治理效能的显现离不开制度支撑，人民城市的公共政策设计是贯彻人民城市重要理念的又一重要方面。践行"人民城市人民建、人民城市为人民"的城市发展理念，不仅要以人民城市新理念新形态为中心，统筹我国新型城市体系中的绿色城市、智慧城市、人文城市、创新城市、紧凑城市建设，把中国特色城市发展道路的理念和要求贯穿于城市建设的每个层面和每个细节；还要抓牢政策制度建设，在生态保护、空间治理、公共服务、人文关怀等方面，创新开展以满足人民群众日益增长的美好生活新需要为目标的人民城市的政策设计，探索形成更加稳定成熟的人民城市制度体系，为在总体上提升国家安全和应对重大危机和挑战的能力提供有力支撑。[①]

1. 完善经济文化制度，实现市域平衡发展

新中国成立后，为了开展城市建设工作，加快实现国家现代化，党和政府通过实行城乡二元体制使城市成为资源集中、生产集中的中心。然而这种体制也造成了城乡人民生活水平差距不断拉大。尽管改

---

① 刘士林：《人民城市：理论渊源和当代发展》，《南京社会科学》2020 年第 8 期。

革开放后党和政府对城乡发展政策做出了诸多调整，发展的不平衡现象仍普遍存在。总体而言，"中国式政经一体化增长推进机制，不太容易在城镇化进程中兼顾速度与程序、效率与公平，经常是经济财富增加了，而社会团结受损了"①，这种社会团结受损在新时代的突出表现就是城市内部、城乡之间以及城市之间的发展型资源不平衡问题。人民城市建设本着人民至上的原则，在经济文化制度方面首先要实现发展的相对平衡。其一，调控生活成本和生产成本，完善社会主义分配制度，不断提高人民生活水平。同时，落实社会保障制度兜底性功效，实现城市社会保障水平的整体提升，系统性、结构性地改善民生，满足人民群众的最低需求，达成人民城市的发展目标。其二，增强人民城市发展的文化软实力，在推动城乡公共文化服务的均等化、公共文化服务的数字化等方面持续发力，使城市充满幸福感、归属感、安全感。

2. 完善生态保护制度，打造宜居宜业环境

城市发展不仅要重视发展经济、文化，也需要做好环境保护工作，提升城市居民的生活品位与生活质量。"良好的生态环境是一座城市最公平的公共产品、最普惠的民生福祉，与城市中每个人息息相关。生态环境保护工作的成效，直接影响着人民城市建设的成色。"②相关政府部门要积极完善环境保护制度，履行好生态环境保护职责，协同推进好经济高质量发展和生态环境高水平保护。以改革的思路和办法不断创新管理模式，更好地寓管理于服务、以服务促发展，实现

① 成伯清：《市域社会治理：取向与路径》，《南京社会科学》2019 年第 11 期。
② 李强：《从人民城市建设高度，充分认识生态环境保护和建设对上海城市发展重大意义》，《解放日报》2020 年 7 月 1 日。

经济效益、社会效益和环境效益的统一。只有这样，才能让绿色成为城市发展最动人的底色、成为人民城市最温暖的亮色。

3. 完善法律规章制度，建设现代法治城市

习近平总书记指出："法治和人治问题是人类政治文明史上的一个基本问题，也是各国在实现现代化过程中必须面对和解决的一个重大问题"。① 近代以来随着等级制社会向民主制社会的过渡，法治开始取代人治成为政治舞台的主流形式，跃升为国家现代化的标配。在当今国家治理与法治的关系中，"法治是国家治理的基本方式，是国家治理现代化的重要标志，国家治理法治化是国家治理现代化的必由之路"②。城市作为国家治理现代化的重要载体，自然也把法治作为城市化、城市治理的基本要素。对于法律法规的制定者来说，要坚持原则性与灵活性的统一，制定出一套完整的、适应社会发展的规章制度。对于法律法规的执行者来说，要坚决维护法律的公平正义，通过制定和落实科学有效的政策方针确保城市发展换人不换目标、换届不换战略规划，为法治城市建设提供政治保障。对于广大城市公民来说，不仅要使其被动地接受法律约束，更要深入推进城市普法教育，培育多元主体的法治素养、法治思维，让他们善于用法治思维法治方式分析问题、解决问题。

4. 完善应急响应制度，提高风险防控能力

新冠肺炎疫情来势汹汹，是新中国成立以来在我国发生的传播速度最快、感染范围最广、防控难度最大的公共卫生事件，新冠肺炎疫情既对我国经济社会发展产生重大的冲击，也敲响了城市应急响应与

① 《习近平关于社会主义政治建设论述摘编》，中央文献出版社 2017 年版，第 84 页。
② 张文显：《法治与国家治理现代化》，《中国法学》2014 年第 4 期。

风险防控的警钟。实际上，我国城市公共卫生工作中一直存在着
"重治轻防"的顽症，其结果就是导致我国城市多次出现规模较大的
城市公共卫生危机，如 1959—1963 年的伤寒传染危机、1966—1967
年的流行性脑脊髓膜炎传染危机、2003 年的非典传染危机[①]。这一公
共卫生短板问题本质上是城市风险防范意识不足的问题。为了保障人
民的健康生活，就要求进一步提升城市风险防范意识，健全应急响应
制度。一方面，城市治理必须坚持常态化治理与应急治理的结合，以
制度化的平时和战时双重治理机制保证人民城市的良性运转，发挥社
会主义集中力量办大事的制度优势，形成各部门的治理合力，由此在
风险出现后的防控"黄金期"以最快速度、最大限度地降低风险的
致害性。另一方面，应对公共卫生事件等突发性风险，除了要及时给
出反应外，还要注重提前防范。提升风险辨识、风险评估、风险预警
能力，编制有针对性的应急规划，如人才培养、物资储备、机构建
立、应急演习等，切实把风险防控关口前移，尽可能地在萌芽阶段发
现风险、解除风险。

（三）人民城市功能分区设计

城市功能分区是城市精细化治理的重要依据，城市规划尤其是详
细规划可以通过用途管控，来实现城市空间的优化配置。根据城市功
能分区的分类，可以通过以下措施实现人民城市建设目标。

1. 对人民城市工业空间的调整

当前城市工业空间主要存在两方面的矛盾。第一是老工业区向新

---

① 王绍光：《筑牢疾控体系：四次危机，一个教训》，《开放时代》2020 年第 3 期。

工业区的过渡并不顺利。我国城市化的特点之一是城市化与工业化不同步。而且相当一部分老工业基地受制于地理条件的限制，当城市的人口承载力和环境容量饱和以后，各地在探索突破人地矛盾时的首选是开发新区和各类开发区。新区与原来的城市中心距离过远，很多城市新区尚未完成与之相匹配的便捷的道路交通基础设施。然而新城、新区还有一个共同点就是政府为确保新城、新区建设的成效，首当其冲地将承担公共服务职能的机构搬迁至新城新区，但相应的教育、医疗、休闲娱乐等民生基础设施建设不能及时跟进。第二是产业空间利用效率存在问题。在空间资源的配置上，传统城市治理过程往往充分利用国家促进发展的政策利好，并通过一系列举措让各项政策红利落地实施。然而有部分城市政府及部门在落实政策来抢占空间资源上，罔顾城市规划和地方发展的整体经济布局，以行政指令代替产业政策。其后果是，城市重复建设现象严重，产业发展没有体现出当地的特色和整体产业布局的协调而是盲目地"跟风"。这也间接造成了土地等资源的浪费和挤占生态空间。① 针对存在的问题，需要从老工业区和新工业区两个方面入手进行调整，从而呈现出人民城市中工业功能区焕然一新的面貌。

对于老工业区来说，除了要注重产业转型升级外，更重要的是适应城市化的节奏，破除传统工业基地高污染、低颜值的固有特点，充分改造废弃工厂遗址，将其融入现代文明的整体风貌中。对于新工业区来说，应突出其现代化、高科技的特点，打造产业能级和区域环境并存的新时代地标。通过吸引外资与人才，大力发展高科技产业，形

---

① 李如海、李胜利：《城市治理·空间正义·规划法治——基于国土空间规划法治化的逻辑》，《学术交流》2021 年第 10 期。

成新工业园区，同时向外辐射，使之成为科普教育、观光游览的有效资源。当然，在新老工业园区的调整中，也要注意空间的合理配置，提高空间的利用效率，通过"规划留白"来支持符合法律规定的重大项目建设以及保障国家应急管理的公共利益需要。

2. 对人民城市公共空间的再造

在城市化发展进程中，追求共享发展越来越成为一种价值追求，一方面反映了人民在城市建设中主体地位的提升，另一方面体现了人民对共享改革发展成果的体验需求在上升，直接激发了人民参与城市建设的热情。人民是城市建设的主体，是推动城市向前发展和不断进步的主体力量，因此，要充分发挥人民群众在城市建设中作为参与者、建设者、推动者的作用。随着城市物理空间不断被城市化发展所分割，人民对城市公共空间的期盼越来越高，共享城市空间和城市发展成果是人民对城市化和现代化提出的新要求。因此，为了建设高品质城市公共空间，满足民众多元化城市空间需求，提升城市品质和竞争力，就需要对"大""小"两种城市公共空间进行再造。

"大"的城市公共空间是依托城市自然资源，开辟一整块用于人民休憩娱乐的生活空间和生态空间。以极具代表性的滨水公共空间为例，城市滨水公共空间是指在滨水地区 200—300 米范围内免费向公众开放的空间，主要包括水域、水际线和陆域，是与水体密切相关的自然要素、社会要素和空间要素的总和。许多国家和地区为了提高城市环境的舒适性和宜居性，重新认识了城市滨水公共空间的价值，并进行了多种形式的空间再造，比如新加坡的新加坡河地区更新计划、伦敦莎德泰晤士码头区更新、纽约"愿景 2020"综合性滨水规划等。在"以人为本"原则的指导下通过再利用废弃工业旧址、码头、仓库，重建步道、公园、绿带，还江于民，在开发和建设过程中充分保障公共利益，强化公众参与力度，使城市滨水公共空间真正为民所有，为民所用。①

"小"的城市公共空间是与"大"的城市公共空间互补的、遍布于城市各个区域之间的、可供人群活动的小型功能区域，如社区广场、邻里花园、街道绿地等。中国快速城镇化导致了大规模、大尺度新城和新区建设，在工程导向和理性思维主导下造就了明晰的功能分区、统一的路网格局和明确的土地使用特征。其过于强调地块内部的合理性，却忽视与周边地块的协调共生。因此缺少"可进入的、可活动的、免费的、多样性"的小尺度公共空间。扩大对这一区域的开发，一是能够在尊重现有城市空间格局的基础上对存量空间资源的挖掘，从而实现历史传承并塑造时代风貌；二是可以利用旧城改造中留下的面积小，不便于集中开发的空地来建设，能有效利用城市用地的"边角余料"，节约建设费用；三是利于贴近日常生活，邻里居民多在此活动，增加了非正式会面的机会，能有效促进交往，形成守望相助、相亲相爱的邻里关系，最终形成和谐的社区氛围。

3. 对人民城市居住空间的改造

城市的部分区域逐渐老化衰败，贫困人口不断聚集，人口的贫困化与治理无序之间形成恶性循环，这是世界城市发展面临的共性问题。发达国家的城市存在的局部衰败，造成不同区域空间和社会形态的巨大反差，拉低整体水平。而拉美、印度等大城市存在的贫民窟现象，更成为阻碍城市发展的"城市之癖"。由于历史欠账和社会变

① 陈水生、甫昕芮：《人民城市的公共空间再造——以上海"一江一河"滨水空间更新为例》，《广西师范大学学报（哲学社会科学版）》2022年第1期。

迁，我国城市也存在一些低收入阶层、弱势群体聚居的老旧社区。这些区域内房屋质量、卫生设备、公共设施、小区安全等都存在重大隐患。同时，这些老旧社区居民大多为租客，或者无法置换房产的年长、多病、贫困的本地居民，房屋纠纷多，居民的烦心事多，和谐幸福社区建设严重受制于硬件限制。针对此类问题，西方国家一般都采取保守消极的态度，寄希望于市场力量解决问题。而市场力量的常常失灵，导致社区衰败和贫民窟现象逐渐成为都市的慢性病。与此形成鲜明对比的是，中国政府普遍坚守兜底负责和积极作为的政策立场，除通过市场化的常规化手段拆旧建新之外，还积极动员各种政策资源，实施十分艰难的老旧小区改造工程，包括美丽家园工程、小区一体化综合改造、加装电梯和"一平方米卫生间"工程等。在老旧小区的改造上，中国政府不惜财力、不畏艰难的立场和态度，彰显了中国城市的人民性。

三、上海先行贯彻落实人民城市理念的实践经验

2019 年 11 月 2 日至 3 日，习近平总书记在考察上海杨浦滨江并听取上海市委、市政府工作汇报期间发表一系列重要讲话，提出并确立了以"人民城市人民建，人民城市为人民"为核心论断的关于现代城市建设、治理与发展的重要思想，标志着人民城市重要理念的正式确立。深入学习习近平总书记的重要讲话精神，中国共产党上海市第十一届委员会第九次全体会议审议通过《中共上海市委关于深入贯彻落实"人民城市人民建，人民城市为人民"重要理念，谱写

新时代人民城市新篇章的意见》，对加快建设具有世界影响力的社会主义现代化国际大都市做全面部署。2021 年 11 月 23 日，在人民城市重要理念形成两周年之际召开的人民城市建设座谈会提出，未来要更好地把握超大城市治理的规律性、系统性，加快建设属于人民、服务人民、成就人民的美好城市，打造人民城市建设的上海样本。可以看到，在习近平新时代中国特色社会主义思想的指导下，上海市深入贯彻人民城市重要理念，不断提升居民生活品质，全面保障其经济、社会各项权利，"人民至上"的精神内核深深根植于这座城市。

（一）发展理念上始终坚持随事而制

"明者因时而变，知者随事而制"，这句古语道出了人民城市发展理念的智慧底蕴。在中国几十年的城市化进程中，能够根据时代条件的变化不断调整发展策略，提炼最新的理论成果。落实在实践层面，就是坚持问题导向，能够根据城市建设的实际情况具体分析，打造富有特色的城市样本。

从宏观层面来看，"人民城市"的城市发展理念是"随事而制"的结果。人民城市发展理念首先离不开马克思主义经典理论这一渊源。马克思深刻揭示了资本主义城市与工人阶级不可调和的矛盾、斗争和敌对关系。在取得社会主义革命胜利后，列宁指出："城市是人民的经济、政治和精神生活的中心，是进步的主要动力。"[①] 在社会

---

① 《列宁全集》第 23 卷，人民出版社 2017 年版，第 358 页。

主义国家的历史实践中，这是经典马克思主义首次把城市和人民紧密联系起来，也可以看作人民城市最初的形态。新中国成立以后，中国共产党成为执政党，以建设社会主义、超越资本主义为奋斗目标，以从机械照搬苏联城市发展模式到改革开放探索中国特色城市发展道路为主线，为新时代提出和布局建设人民城市积累了丰富的历史经验，创造了良好的现实条件。改革开放后，邓小平一再强调要"满足人民群众物质和精神生活需要"。由此开始，"以人为本"成为我国城市建设的基本原则。新时代以来，从党的十八大提出"人民对美好生活的向往就是我们的奋斗目标"，再到中央城市工作会议明确提出"人民城市为人民"，都是在新形势下对中国共产党的初心和使命不断发扬光大的结果。以"人民"取代"人"，引导"以人为本"上升为"以人民为中心"，构建以人民城市为主体形态的城市发展模式，是新时代中国特色城市发展道路的主线。尤其是党的十九大之后，习近平总书记在全国各地考察时，反复强调"城市是人民的""城市归根结底是人民的城市""城市是人民的城市，人民城市为人民"，这一系列关于人民城市的重要论述，使我国城市建设不仅打上了鲜明的中国特色社会主义标记，同时也为中国特色城市发展道路提供了最核心和最根本的理论支撑。① 因此，人民城市的发展理念与战略定位，既是新时期中国共产党不忘初心牢记使命的历史担当，也是完善城市治理体系提高城市治理能力的制度要求，更是聚焦人民群众需求体现包容共生的城市文化品格，人民城市的重要论述与战略定位，深刻揭示了新时代我国城市建设的宗旨、主体、重心、目标，深

---

① 参见刘士林：《人民城市：理论渊源和当代发展》，《南京社会科学》2020 年第8 期。

刻阐明了我国城市建设的方向，体现了历史、制度与文化逻辑的高度有机统一。

从微观层面来看，上海人民城市实践因地制宜、因时制宜，是"随事而制"的结果。上海作为贯彻人民城市重要理念的先行示范区，在面对具体实践时能够结合城市特色灵活变通，交出一份具有上海人情味儿的城市答卷。例如，杨浦区在城市建设中能够依据工业遗存进行保护性开发，尽可能保留老上海的历史风貌。杨浦区对滨江区域的规划研究和城市设计历时十余年，如今正进一步深入落实习近平总书记"像对待老人一样尊重和善待城市中的老建筑，保留城市历史文化记忆，让人们记得住历史、记得住乡愁"重要指示，保护性开发改造杨浦滨江百年工业遗存。留住历史遗存，就是守护上海的城市记忆。通过设计建设，以前的上海电站辅机厂东厂的墙面设计成"共生构架"供游客欣赏打卡，老厂房撬出来的混凝土块被改造成滨江路旁的"石笼凳"……老事物焕发新生机，工业历史与现代建筑在杨浦滨江交相辉映，每一个来到杨浦滨江的人，都能够通过阅读建筑，感悟这座城市特有的历史文化风貌。再如，着力探索整合上海革命文化、红色文化、先进文化资源，用好海派文化、江南文化资源，加强资源共享、项目融合，精心打造独具影响的群文活动、大型展览，生动讲好改革奋斗的故事、时代发展的故事，推动红色血脉融入城市文脉。站在新时代对于厚植文化教育需求的风向标上，结合新时代文化发展特点与文化传播形式，打响"上海文化"品牌，建设国际文化大都市，同时使精神文明建设成为打响服务品牌、制造品牌、购物品牌的强大推动力。

（二）建设策略上始终聚焦民生改善及服务提升

上海市杨浦区拥有世界上最大的滨江工业带，在坚持生态发展、绿色发展、科学发展的基础上，杨浦滨江正逐渐从以工厂仓库为主的生产岸线转型发展为以公园绿地为主的生活岸线和景观岸线，实现了从"工业锈带"华丽转身为"生活秀带"，着力将杨浦打造成为上海科技和金融双创规划中心，体现了人民城市建设的丰硕成果。在"生活秀带"的生动实践中，始终立足人民所需，聚焦改善民生，在精打细磨中不断提升服务水平。

用党建工作引领城市建设，聚焦深化党群服务内涵，打造品质生活秀带。首先，在党群服务组织方面，围绕建成具有中国特色、上海特征、杨浦特质的世界级未来水岸，持续升级滨江党群服务体系，在杨浦滨江沿线建设了六个党群服务站和党员志愿者服务实践基地。这一党群服务体系不断提升城市建设的服务能级和治理效能，使滨江建设更有活力、更有温度，为探索滨江城市治理方式提供了强有力的组织保障。同时以其成体系化的特点擦亮杨树浦驿站品牌，为打造"世界的会客厅"提供保障。其次，在多层次社会主体联动服务方面，围绕充分发挥滨江区域化党建、楼宇园区党建优势，引导基层党组织当好服务滨江发展的先锋队，以先锋行动引领治理创新。在建设治理中汇聚先锋力量，坚持"党建+治理"同步推进，围绕滨江沿线的重大工程、旧区改造等，深化党建联建，让党旗飘扬在滨江建设第一线；围绕优化滨江营商环境，推进京东、达达等互联网企业党组织建设，创建党员示范岗等，持续加强"两个覆盖"，将党建工作嵌入经济社会发展最活跃的经脉上。在志愿公益中汇聚先锋力量，坚持"组织化＋区域化"同向发力，依托属地街道牵头，区域合作共建"1+X"滨江党群服务团队，开展文明引导、绿色环保等公益项目；联合复旦大学等高校，打造滨江党员志愿服务实践基地，推出社区健康师项目，引导师生党员投身滨江建设。最后，在民生落地方面，突出精准化科学化布局，深化内涵式、集约型、绿色化发展理念，推出秦皇岛路码头站、跑者驿站、雨水花园站、人人屋站、大桥公园站和电厂站，构筑珠链分布、属地管理、广泛覆盖的阵地联动体系，将党群服务内涵融入滨江景观、植入发展脉络。突出精细化特色化服务，深化"基础+特色"服务理念，对接普遍性、个性化需求，全覆盖推出 WIFI、直饮水、医药包等基础便民服务，因地制宜引入亲子阅读、运动健康、垃圾分类等特色服务项目，将更多更丰富的服务资源配置到人群最集中、群众最需要的地方。

在治理模式上积极创新，充分调动人民积极性，打造民主生活秀带。杨浦滨江开发始终关注人民城市建设的主体，聚合滨江沿线企业、机关事业单位、学校、社会组织等各类参与主体，打破传统的区划壁垒，在工作方法上积极探索创新滨江治理的新模式。这一探索取得的重大成果就是在 2020 年 7 月成立了杨浦滨江治理联合会。杨浦滨江治理联合会以服务社会、服务滨江、服务会员为主要宗旨，以凝聚力量为需求导向，以协同资源为效用导向，以提升影响为目标导向，以区域化党建为引领。滨江治理联合会作为滨江建设和社会治理的主体之一，形成三级联动体系，以联合会为工作平台，发挥理事会核心决策作用，发挥专委会议事决策作用，发挥成员单位共建作用。这一做法提高各方参与滨江开发建设的积极性，促进形成全区域统筹、多方面联动、各领域融合的社会治理格局，积极探索城市集建设、滨江发展、人民生活于一体的区域治理模式。此外，2020 年 9月，杨浦滨江人民建议征集工作平台启动运营，通过网络化平台征集广大人民的意见建议，一方面，收集和征集人民的建议，把人民对滨江建设好的点子和建议收集起来，并及时反馈。另一方面，针对符合滨江开发的"金点子"和"大智慧"，予以采用，并运用到滨江建设的实践中，依靠人民的智慧和力量来推动人民城市的发展，让人民城市建设发展的成果惠及人民，满足人民对美好生活的期盼。[①] 全社会共建共享的治理格局，凝聚了各方力量，发挥了社会的协同作用，最大程度上保证了服务政策对民生需求的精准满足。

作为上海人民城市实践的代表，杨浦区牢记习近平总书记的殷殷嘱托，坚持"以人民为中心"的价值取向，紧扣高质量创新发展新需求，推动滨江治理与城市发展、人民福祉融合共生，全力打造更有温度更有色彩的杨浦滨江"生活秀带"新风貌。

（三）治理创新上积极推动智慧城市建设

习近平总书记 2018 年在上海考察时的讲话中强调，一流城市要有一流治理，要注重在科学化、精细化、智能化上下功夫。既要善于运用现代科技手段实现智能化，又要通过绣花般的细心、耐心、巧心提高精细化水平，绣出城市的品质品牌。可见，在新时代，注重科技赋能，提升城市智能化，是推进城市治理现代化的重要支撑。在贯彻

---

① 陈海燕：《"人民城市人民建、人民城市为人民"的基层民主政治价值》，《中共成都市委党校学报》2021 年第 3 期。

实行人民城市重要理念的实践中，要提升城市治理的智慧化水平，加快智慧城市建设，并且以"智能化"提高治理过程的精细化，坚持城市的精细化管理，构建现代宜居的城市空间。那么，在新时代如何精准做好城市工作？中央城市工作会议强调要"顺应城市工作新形势"。当前，随着移动互联网在城市飞速发展、更新迭代，万物互联的时代即将来临，"数据"成为最核心的要素。用新科技为城市治理赋能，以大数据、云计算等新技术提升城市治理效能，正成为城市治理现代化的重要理念和实践方式。大数据时代，城市治理要实现像绣花一样的治理目标，总的来说，需要坚持以人民为中心的发展思想推进城市治理现代化，必须牢牢把握科技创新和制度创新双轮驱动，推进以市民需求为中心的新型智慧城市建设；还要运用互联网技术和信息化手段，让智慧服务融入市民日常生活，实现城市治理精准施策、靶向发力，将治理切实落实到人民的日常生活中去，努力增强对市民需求的感知能力，以此助推城市治理决策科学化、防控一体化、服务便捷化。具体来说，还要做好以下几个方面工作。

一要加强对于各项信息技术手段的统筹整合，用科技之力为城市治理科学决策。以5G、物联网、云计算等新一代信息技术为手段，以打造智慧城市为目标，加强数字政府建设，有效整合各个部门相互孤立的数据资源，推进政务服务领域区块链应用建设，构建一体化在线服务平台，实现城市治理的数据"链"共享和智能响应，增强城市治理决策的科学性、措施的针对性。

二要立足群众基本需求，用科技让城市生活舒适便捷。以为居民生产生活提供便利为目的，创新数字应用示范场景建设，为市民生活提供更加多样化的便捷服务，应对老龄化趋势加快智慧养老、智慧家庭综合应用平台建设，让市民在公共服务精准化、智能化中感受城市温度、尽享"云端"幸福，推动城市治理提档、服务升级。以上海智慧城市建设中的做法为例，政务服务"一网通办"和城市运行"一网统管"是上海智慧城市、智慧政府建设的"一体两翼"，是治理数字化的有机组成部分，有力支撑着城市的数字化转型。目前上海"一网通办"移动端的超级应用"随申办"已经接入教育、公安、民政、人社、卫健、医保等五十余个市级部门和十六个区的一千多个政务服务事项，市民一部手机就能解决许多事情，"一网通办"正让市民的生活变得更便捷、更高效。①上海"一网通办"后续推出的"随申码"，已向公共管理和服务领域进行功能扩展，如今"随申码"可以在上海坐公交、地铁、轮渡，同时也可以在所有公立医院代替社保卡看病就医，目前"随申码"已累计使用超二十多亿次，用码人数达四千多万人。2021年是上海政务服务"一网通办"的"拓展年"，上海继续深入贯彻落实"人民城市人民建，人民城市为人民"的发展理念，通过推动更大范围、更宽领域、更深层次的"一网通办"改革，构建全方位服务体系新格局，努力将"一网通办"打造成为"上海服务"的金字招牌。②

三要坚持问题导向治理，用科技解决城市治理"痼疾顽症"。现代城市治理必须充分借助于大数据、人工智能等现代科技手段，加快建设"城市大脑"，以新兴技术手段强化"大城市病"的治理，精准解决城市治理中诸多痛点、堵点、难点问题，从城市"治理"走向

---

① 吴頔：《上海"一网通办"将为老年人推专版》，《解放日报》2021年1月6日。
② 张仕云：《以人民为中心，建设有温度的城市——以上海市为例》，《城市建筑》2021年第23期。

城市"智理"之路。同时，要利用数字经济的数据互联、信息共享等优势，借助数据赋能城市治理，提升对城市各类突发应急事件的治理能力，特别是要通过新兴技术手段加强治理风险常态化监测，为主动、及时、高效地应对各类突发事件和风险处置赋能，使城市安全做到精准防控、从严管控，切实提高人民群众获得感、幸福感和安全感，倾力构筑满足市民需要的安全智能高效的城市空间。

参 考 文 献

一、著作

《马克思恩格斯选集》第 1 卷，人民出版社 2012 年版。

《马克思恩格斯文集》第 1、2、3、4、5、7、8、9 卷，人民出版社 2009 年版。

《马克思恩格斯全集》第 2 卷，人民出版社 1957 年版。

《马克思恩格斯全集》第 2 卷，人民出版社 2005 年版。

《马克思恩格斯全集》第 3 卷，人民出版社 1960 年版。

《马克思恩格斯全集》第 3 卷，人民出版社 2002 年版。

《马克思恩格斯全集》第 31 卷，人民出版社 1998 年版。

《马克思恩格斯全集》第 42 卷，人民出版社 1979 年版。

《马克思恩格斯全集》第 46 卷，人民出版社 2003 年版。

《列宁全集》第 23 卷，人民出版社 2017 年版。

《毛泽东选集》第 4 卷，人民出版社 1991 年版。

《习近平谈治国理政》第二卷，外文出版社 2017 年版。

《习近平谈治国理政》第三卷，外文出版社 2020 年版。

习近平：《在纪念马克思诞辰 200 周年大会上的讲话》，人民出版社 2018 年版。

《建国以来重要文献选编》第 5 册，中央文献出版社 1993 年版。

《建党以来重要文献选编（1921—1949）》第 26 册，中央文献出版社 2011 年版。

《十八大以来重要文献选编》（下），中央文献出版社 2018 年版。

中共中央党校：《习近平新时代中国特色社会主义思想基本问题》，人民出版社、中共中央党校出版社 2020 年版。

杨信礼：《发展哲学引论》，陕西人民出版社 2001 年版。

向德平：《城市社会学》，武汉大学出版社 2002 年版。

吕世荣、周宏、朱荣英：《马克思主义哲学的当代视野》，人民出版社 2006 年版。

高鉴国：《新马克思主义城市理论》，商务印书馆 2007 年版。

孙江：《"空间生产"——从马克思到当代》，人民出版社 2008 年版。

任平：《创新时代的哲学探索——出场学视域中的马克思主义哲学》，北京师范大学出版社 2009 年版。

邹德慈等：《新中国城市规划发展史研究——总报告及大事记》，中国建筑工业出版社 2014 年版。

莫放春：《马克思的生态学与生态学马克思主义研究》，人民出版社 2018 年版。

胡子健总编：《中国城市建设统计年鉴》，中国统计出版社 2020 年版。

［美］约翰·罗尔斯：《正义论》，何怀宏等译，中国社会科学出版社 1988 年版。

〔美〕费正清、罗德里克·麦克法夸尔主编:《剑桥中华人民共和国史(1949—1965)》,邱亮生等译,中国社会科学出版社1990年版。

〔美〕费正清、罗德里克·麦克法夸尔主编:《剑桥中华人民共和国史(1949—1965)》,邱亮生等译,中国社会科学出版社1992年版。

〔德〕桑巴特:《奢侈与资本主义》,王燕平、侯小河译,上海人民出版社2000年版。

〔美〕奥康纳:《自然的理由:生态学马克思主义研究》,唐正东、臧佩洪译,南京大学出版社2003年版。

〔美〕迪尔:《后现代都市状况》,李小科等译,上海教育出版社2004年版。

〔美〕刘易斯·芒福德:《城市发展史——起源、演变和前景》,宋俊岭、倪文彦译,中国建筑工业出版社2005年版。

〔英〕大卫·兰德斯:《解除束缚的普罗米修斯》,谢怀筑译,华夏出版社2007年版。

〔匈〕卢卡奇:《历史与阶级意识》,杜章智等译,商务印书馆2012年版。

〔英〕J. M. 罗伯茨:《全球史》(下卷),陈恒、黄公夏、黎海波译,东方出版中心2013年版。

〔美〕乔尔·科特金:《全球城市史》,王旭等译,社会科学文献出版社2014年版。

〔英〕J. P. T. 伯里:《新编剑桥世界近代史》,中国社会科学院世界历史研究所译,中信出版社2017年版。

［英］大卫·哈维：《资本的城市化：资本主义城市化的历史和理论研究》，董慧译，苏州大学出版社 2017 年版。

二、文章

习近平：《城市是人民的城市，人民城市为人民》，《人民日报（海外版）》2019 年 11 月 4 日。

《让城市和谐宜居更美好》，《人民日报》2015 年 12 月 23 日。

《把消费城市变成生产城市》，《人民日报》1949 年 3 月 17 日。

朱勤皓：《扎实推进特大型城市民政工作高质量发展》，《中国社会报》2019 年 8 月 1 日。

《深入学习贯彻党的十九届四中全会精神　提高社会主义现代化国际大都市治理能力和水平》，《人民日报》2019 年 11 月 4 日。

《坚持和完善共建共治共享的社会治理制度》，《光明日报》2019 年 11 月 9 日。

《上海"一网通办"将为老年人推专版》，《解放日报》2021 年 1 月 6 日。

《打造上海数字化转型示范区！杨浦发布全面推进城市数字化转型行动方案》，《新民晚报》2021 年 4 月 15 日。

《推动高质量发展再上新台阶——访上海市委副书记、市长龚正》，《经济日报》2021 年 1 月 13 日。

《杨浦区召开城市数字化转型推进大会，助推城市数字化转型高质量发展》，《中国日报》2021 年 4 月 15 日。

《习近平谈城市建设与发展》，《中国青年报》2021 年 5 月 8 日。

《上海市委副书记、市长龚正——创造新奇迹 展现新气象》，《经济日报》2021 年 5 月 28 日。

《中国城市发展的深层问题与文化自觉——刘士林教授在上海交通大学的讲稿》，《文汇报》2011 年 8 月 8 日。

《"习近平提出要使'城市，让生活更美好'的世博会主题延续到上海未来发展中"——习近平在上海（四）》，《学习时报》2021 年 9 月 6 日。

王慧：《新城市主义的理念与实践、理想与现实》，《国外城市规划》2002 年第 3 期。

许光清：《城市可持续发展理论研究综述》，《教学与研究》2006 年第 7 期。

李秉仁：《我国城市发展方针政策对城市化的影响和作用》，《城市发展研究》2008 年第 2 期。

刘士林：《特色文化城市与中国城市化的战略转型》，《天津社会科学》2013 年第 1 期。

任政：《正义范式的转换：从社会正义到城市正义》，《东岳论丛》2013 年第 5 期。

陈忠：《城市异化与空间拜物教——城市哲学与城市批评史视角的探讨》，《马克思主义与现实》2013 年第 3 期。

张文显：《法治与国家治理现代化》，《中国法学》2014 年第 4 期。

刘顺、胡涵锦：《从马克思到吉登斯：现代性批判的生态维度——兼论对中国生态文明建设的启示》，《东北大学学报（社会科学版)》2015 年第 2 期。

郝曦滢：《马克思空间正义思想及其当代价值》，《理论探索》2018年第3期。

吴晨、郑天：《迈向人民城市的复兴》，《北京规划建设》2018年第4期。

刘晓薇、胡刘：《论马克思城市批判思想研究理路——回到马克思"资本批判"的原初语境》，《云南社会科学》2019年第3期。

庄友刚：《马克思的城市思想及其当代意义——兼论当代马克思主义城市观的建构》，《东岳论丛》2019年第4期。

成伯清：《市域社会治理：取向与路径》，《南京社会科学》2019年第11期。

袁蓓：《从"资本逻辑"到"人本逻辑"——新时代马克思主义城市—空间研究范式的变革与中国实践》，《长白学刊》2020年第2期。

王绍光：《筑牢疾控体系：四次危机，一个教训》，《开放时代》2020年第3期。

刘士林：《人民城市：理论渊源和当代发展》，《南京社会科学》2020年第8期。

张一方、刘怀玉：《从城市中的问题到问题中的城市——恩格斯城市批判思想及其当代意义》，《学术交流》2020年第12期。

何雪松、侯秋宇：《人民城市的价值关怀与治理的限度》，《南京社会科学》2021年第1期。

陈海燕：《"人民城市人民建、人民城市为人民"的基层民主政治价值》，《中共成都市委党校学报》2021年第3期。

沈江平：《恩格斯关于城市功能的研究及其当代启示》，《马克思主义研究》2021 年第 4 期。

付高生：《中国共产党城市工作的百年历程与宝贵经验》，《湖南农业大学学报（社会科学版)》2021 年第 4 期。

洪银兴：《政治经济学视角的新发展格局》，《马克思主义与现实》2021 年第 1 期。

李如海、李胜利：《城市治理·空间正义·规划法治——基于国土空间规划法治化的逻辑》，《学术交流》2021 年第 10 期。

张仕云：《以人民为中心，建设有温度的城市——以上海市为例》，《城市建筑》2021 年第 23 期。

陈水生、甫昕芮：《人民城市的公共空间再造——以上海"一江一河"滨水空间更新为例》，《广西师范大学学报（哲学社会科学版)》2022 年第 1 期。

宗海勇：《空间生产的价值逻辑与新型城镇化》，苏州大学博士学位毕业论文，2017 年。

《将"人民至上"镌刻在城市建设治理中》，《文汇报》2021 年 11 月 2 日。

吴海江、江昊：《人民城市更聪明更亲民》，《解放日报》2021 年 11 月 9 日。

《映照光荣城市美好未来——从"上海实践"看如何贯彻落实习近平总书记"人民城市"重要理念》，《光明日报》2022 年 1 月 13 日。

《历经大战大考 践行初心使命》，《杨浦时报》2022 年 1 月 13 日。

后　记

　　"人民城市人民建，人民城市为人民"，是在我国城市发展进入新时代、成为中国开启现代化新进程的重要引擎背景下提出的。2019年11月，习近平总书记考察上海时，在杨浦滨江对着周围的市民群众和上海市领导讲了这句话。人民城市重要理念为正在加快建设具有世界影响力的社会主义现代化国际大都市的上海指明了前进方向，也成为上海决策者铆牢的奋斗目标。党的十九届五中全会提出"十四五"时期经济社会发展指导思想和必须遵循的原则，包含以满足人民日益增长的美好生活需要为根本目的，推进国家治理体系和治理能力现代化及坚持以人民为中心的发展思想。为此，人民城市重要理念的提出何以具有深层次的合理性，上海贯彻落实人民城市重要理念对于指导新时代中国新型城镇化建设具有何种意义，上海人民城市建设具有怎样的未来规划和发展前景等问题亟待做出更深入的理论与对策研究。2021年8月，本研究获得上海市哲学社会科学规划"学习贯彻习近平总书记'人民城市人民建　人民城市为人民'重要理念"专项课题资助（课题名称"人民城市的理论渊源与上海实践研究"，课题批准号2021XRM001），本书即是该项目的研究成果。

　　本书以"人民城市的理论渊源与上海实践"为论题，以党的二十大精神为指导，深入研究和阐发习近平总书记关于人民城市的重要论述，在建设社会主义现代化城市的总体框架下，对人民城市重要理念的马克思主义理论基础、人民城市重要理念在新中国的历史实践及现代建构、上海先行贯彻人民城市重要理念的创新举措和实践经验等问题进行深入探讨，其主体内容分为五部分：

（一）18 世纪的工业革命开启了欧洲现代城市化进程，也开启了马克思恩格斯以城市为出发点的理论研究。作为马克思政治经济学批判的重要出发点，城市是其观察资本主义生产方式何以得到确立和扩大的最初场所和现实环境，其理论建构主要在资本积累、产业革命、政治变革及日常生活四个维度上展开。在马克思主义现代城市观的理论体系中，马克思恩格斯对于资本主义现代工业城市的现实批判不仅仅在揭示城市作为资本积累及阶级对抗空间载体的意义上成为后世开展城市相关理论研究的起点，更由此生发出对未来城市社会的美好展望，城市的发展应属于人民，为了人民，依靠人民，这是以马克思主义现代城市观纵观城市发展史后对资本逻辑的根本扬弃，对人作为价值轴心的根本复归。

（二）人民城市重要理念的理论基础根植于从价值取向、生态建设、空间设计与功能设计四个方面对马克思城市异化批判论、城市生态批判论、城市空间正义论与城市功能论的继承与发展。在城市属于人民，城市治理依靠人民和城市发展为了人民的三重意义下，人民城市完成了马克思主义城市观中城市异化批判论视野下城市归属对象、治理主体及发展目的的回归；从马克思主义城市生态批判思想出发，人民城市在生态空间与居民生态价值观念的双向生产过程中探索生态建设与人的解放相结合的现实路径；基于马克思主义的城市空间正义论，人民城市以形成符合人民主体精神的空间形态与空间关系为空间生产活动的根本目的；面对目前我国大部分城市发展规划存在的无差别、同质化及西方化、模板化现象，从马克思主义城市功能论出发，人民城市追求生产、生活、生态空间，传统与现代空间，城市与乡村空间的三重平衡。

（三）人民城市重要理念是习近平总书记 2019 年在上海考察时提出的，这一重要理念既是对新中国 70 多年城市建设实践的理论升华，也是面向新时代打造社会主义国家城市新模式的现代建构。新中国建立之后，如何接管满目疮痍的旧城市，并按照社会主义面貌进行改造和建设，成为中国共产党人面临的头等大事。改革开放和现代化建设新时期强调要依据中国现实国情和国家社会发展需要，坚持走"以人为本"的城市化，走出了一条具有"中国特色"的城市发展道路，为新时代"人民城市"的形成和发展奠定了良好的物质基础和积累了宝贵的经验。新时代的人民城市建设，强调回归以人为中心的城市理念，破除了西方世界以"量"取胜的经济衡量标准，以人文和美学为城市的发展赋能。同时面向世界，以城市为"点"，描绘发展蓝图，为世界的发展注入中国力量。

（四）上海是世界观察中国的一个重要窗口。在探索人民城市建设发展的过程中，上海始终坚持城市的人民属性，将人民的向往作为城市建设发展的方向，将人民的需求作为城市建设发展的需求，将人民的痛点作为城市建设发展的重点，将人民的感受作为检验城市建设发展成效的标尺，充分发挥人民群众在城市建设发展中的主体作用，真正做到了共建共治共享。本研究以上海为例，从内在质地与独特优势出发，归纳了上海贯彻人民城市重要理念的时空体现和基本经验，并阐释了其创新举措和重大意义，以具体案例分析展示出杨浦作为"后工业、新百年"的人民城市重要理念践行者的全新风貌。

（五）始终贯穿人民城市重要理念是社会主义现代化城市建设和发展中最重要的一条经验。在中国特色现代化城市的建设路径上，必须把"以人民为中心"贯穿于城市工作的全过程和各方面，统筹推进疫情防控和城市治理现代化，在探索新时代人民城市建设发展的新路径过程中准确把握人民城市建设发展的新路径，积极探索新时代人民城市的实践方略与治理新路。总结中国特色现代化城市的发展经验，从治理结构设计、公共政策设计、功能分区设计三方面概括出贯彻人民城市重要理念的实践总方略，而上海作为新时代建设人民城市的先行探索，在贯彻人民城市重要理念已展示出多姿多彩的空间体现并积累了丰富经验。

研究成果以人民城市重要理念所涉及的理论逻辑、历史逻辑、实践逻辑的三个层次为分析框架，对人民城市重要理念的理论来源和重大意义、人民城市重要理念在新中国的历史实践及现代建构、上海先行贯彻人民城市重要理念的制度设计、实践创新以及惠及广大人民群众的方法论等关键问题进行了专题研究，比较深刻地把握了人民城市重要理念的本质内核，为国家治理体系和治理能力的现代化提供了可供借鉴的方法论。同时，在系统阐发习近平总书记"人民城市人民建，人民城市为人民"重要理念的基础上，结合上海实践总结相关经验，进一步提出了针对性的政策建议：一是有助于理解习近平总书记关于"人民城市人民建，人民城市为人民"重要理念，进而推动上海人民城市的建设和发展；二是提出在新发展阶段上海贯彻人民城市重要理念的创新举措须有本土意识和世界视野，发挥上海作为人民城市重要理念的先行者的示范作用。

本书由集体合作完成，撰写人员包括吴海江（前言）、江昊（第一章、第二章、第四章第一节、第五章第一节）、冯梅（第三章第一节）、杨艳琴（第三章第二节），龚嘉琪（第三章第三节）、黄颖超（第三章第四节）、方少威（第四章第二、四节）、蔡颖（第三章第三、四节）、施天婷（第五章第三、四节），吴海江负责撰写提纲和最后统稿。本书在名称、内容和体例等方面得到人民出版社毕于慧老师的悉心指导，上海市习近平新时代中国特色社会主义思想研究中心周静雯老师也给予了大力支持与帮助，此外，本研究成果的撰写成员大部分是国家社会科学基金重大项目"建党百年科学社会主义在中国的理论与实践研究"（项目批准号：20&ZD008）团队成员，并得到这一课题大力支持及资助，在此一同致以衷心感谢！

吴海江

2022 年 11 月于复旦大学

责任编辑：毕于慧
封面设计：王欢欢
版式设计：汪　莹

图书在版编目（CIP）数据

人民城市理论渊源与上海实践研究/吴海江等 著. —北京：人民出版社，
　2022.12
（"人民城市"重要理念研究丛书）
ISBN 978－7－01－025161－5

Ⅰ.①人⋯　Ⅱ.①吴⋯　Ⅲ.①城市管理-研究-上海　Ⅳ.①F299.275.1

中国版本图书馆 CIP 数据核字（2022）第 192231 号

人民城市理论渊源与上海实践研究
RENMIN CHENGSHI LILUN YUANYUAN YU SHANGHAI SHIJIAN YANJIU

吴海江 等　著

人民出版社 出版发行
（100706　北京市东城区隆福寺街 99 号）

北京九州迅驰传媒文化有限公司印刷　新华书店经销

2022 年 12 月第 1 版　2022 年 12 月北京第 1 次印刷
开本：710 毫米×1000 毫米 1/16　印张：12.25
字数：141 千字

ISBN 978－7－01－025161－5　定价：50.00 元

邮购地址 100706　北京市东城区隆福寺街 99 号
人民东方图书销售中心　电话（010）65250042　65289539